DALE CARNEGIE

超訳　カーネギー
道は開ける　エッセンシャル版

弓場隆 訳

デール・カーネギーについて

アメリカの自己啓発の大家デール・カーネギーは一八八八年にミズーリ州の農家の次男として生まれた。子供のころ運動が大の苦手だったが、スピーチがうまかったので友人たちの尊敬を集めた。当時、農村で暮らす人たちに娯楽と教養を提供する目的で開催されていた文化講演会にたびたび参加し、その影響もあって高校では弁論部に所属して雄弁術を学んだ。

高校を卒業後、地元の教育大学に進学した。実家が貧しくて寮費が払えなかったため、毎朝三時に起きて牛の乳搾りなどの家畜の世話をし、農作業を手伝った後、通学の途上でスピーチの技術に磨きをかけた。その努力が実を結び、大学対抗の弁論大会では何度も優勝し、評判を聞きつけて集まった学生たちに話し方を教えて家計の足しにした。

大学を卒業後、ネブラスカ州にあった通信教育の会社の訪問販売員として教材の営業をし、次に食品会社のセールスマンとしてベーコンやラードなどを販売した。食品会社での営業成績は優秀で、担当地区の売上は常にトップだったという。

その後、ニューヨークに行ってトラックを販売しながら念願の文化講演会の講師をめざしたものの、すべて断られたので、俳優養成学校に通って演技の勉強をすることにした。しかし、巡業先で実際に舞台に立ってみると、適職ではないと感じて役者の道をあきらめた。

ほぼ無一文でニューヨークに戻り、トラックを販売して生計を立てながら将来の道を模索する日々が続いた。そんなある日、学生時代に話し方を教えて好評を得たことを思い出し、宿泊先のＹＭＣＡの管理者と交渉して夜間にビジネスマンを対象に話し方教室を開いたところ、たちまち評判を呼んで大成功を収めた。各週の謝礼は四百ドル（現在の一万ドルに相当する）に高騰したという。受講希望者が殺到したため、デール・カーネギー研究所を開設し、話し方を含めて成人教育に携わることになった。

一九二二年、三十三歳のときにCarnageyからCarnegieに改姓した。「カーナギー」を「カーネギー」に変更したのは、当時、鉄鋼王として称賛されていたスコットランド出身の実業家アンドリュー・カーネギーの名声にあやかるためだった。このマーケティング戦略が功を奏し、彼は、アンドリュー・カーネギーがニューヨークに建てたカーネギー・ホールで文化講演会を開催するなど講演家として大成功を収めた。

一九三六年、四十七歳のときに出版した『人を動かす』は、世界で累計千五百万部を超えるベストセラーとなった。一九四四年、五十五歳のときに『道は開ける』を出版し、これもまた世界的ベストセラーとなった。

プライベートでは一九三一年に最初の妻と離婚し、一九四四年にドロシー・プライスというシングルマザーと再婚した。元々、彼女は会社の事務員で話し方教室の受講生だったが、カーネギーの秘書を経て妻になり、ビジネスパートナーとなった。一九五五年に夫が死んだ後、デール・カーネギー研究所が百以上の国と地域に支部を置いて九百万人以上の優秀な人材を輩出したのは、彼女の類いまれな手腕のたまものである。ちなみに、二人の間に生まれた愛娘のドナ・デールは、現在、デール・カーネギー・アソシエイツの会長を務めている。

余談になるが、カーネギーの話し方教室の受講生には若き日のリンドン・ジョンソン（第三十六代大統領）やウォーレン・バフェット（バークシャー・ハサウェイ会長）も含まれていた。バフェットといえば、世界的な投資家で洞察力にあふれる講演で有名だが、最近のインタビューで「口下手だった自分が最愛の女性と結婚できたのは、カーネギーに話し方を教えてもらったおかげだ」と語っている。

日本とのつながりでは、カーネギーは合計三回にわたり来日している。一回目は一九三九年七月で、日本観光連盟（現・日本観光振興協会）と国鉄（現ＪＲ）が日米の文化交流を促進する目的で招待したものだった。蒸気船で横浜港に到着後、外務省の代表と面会し、東京のアメリカンクラブで人間関係をテーマに講演をしてから、熱海、岐阜、奈良、京都、伊勢、鳥羽、広島、下関などを観光して一週間を過ごした。特に印象に残ったのは伊勢神宮とミキモト真珠島だという。

二回目の来日は一九三九年九月で、四日間の滞在中に鎌倉の大仏などを見学した。

三回目の来日は一九五三年七月で、日本の友人たちと京都観光を楽しみながら旧交を温めた。

一九五五年に六十六歳で自宅療養中に死去したが、その教えは『人を動かす』と『道は開ける』という不朽の名著を通じて今でも世界中の大勢の人に感銘を与え続けている。

訳者

序文

三十五年前、私はニューヨークで最も不幸な若者の一人だった。生計を立てるためにトラックを販売していたが、仕事がいやでたまらなかったからだ。ゴキブリがたくさん生息する狭苦しいボロボロのアパートに住んでいたのも大きなストレスだった。いつも近所の安い飲食店に行っていたが、あまりにも汚い場所だったので、食事を楽しむ気にはなれなかった。

毎晩、仕事を終えて孤独な部屋に戻ると頭痛がしたものだ。学生時代に思い描いていた夢は悪夢に変わってしまった。これが人生なのか？　これがずっと楽しみにしていたワクワクする冒険なのか？　大嫌いな仕事に就き、薄汚れた安アパートに住み、外で味気ない食事をし、将来に希望すら持てない状況だった。

大嫌いな仕事を辞めても失うものはひとつもなく、得るものばかりだと確信した。

元々、大金を稼ぐことには興味がなかったが、人生を楽しむことには興味があった。当時、私は人生の門出でほとんどの若者が直面する決定的な瞬間を迎えていた。そこで将来を完全に変える決定をくだした。その結果、この三十五年間、充実感にあふれる幸せな人生を送ることができた。

私は地元の州立の教育大学で四年間を過ごして人々に教える訓練をしていたから、夜間講座で教鞭をとって生計を立てることにした。そうすれば、昼間は読書をして本を書くことができる。私は本を書くために生き、生きるために本を書く暮らしに憧れていたのである。

とはいえ、夜間講座で社会人に何を教えたらいいのだろうか？　大学での勉強を振り返ると、話し方を教えることが自分にとって最適だと思った。なぜなら、私はそうやって恐怖心と不安感をぬぐい去り、人とうまく接する勇気を得ることができたからだ。また、人前で上手に話せることがリーダーシップをとるための条件であることにも気づいた。

そこでコロンビア大学とニューヨーク大学の夜間講座で話し方を教えるために講

師としての就職口を求めたのだが、どちらの大学も私を雇う必要をまったく感じていないようだった。

そのときはがっかりしたが、断られたことに今では感謝している。その直後にYMCAの夜間講座で教えることになったからだ。そこでは学問ではなく即効性のある実用的なことを教えなければならなかった。なんという大きな課題だろうか。話し方教室に通う大人たちは単位や卒業証書を求めているのではなく、会議や接客の際に上手に話す能力を身につけようとしていたのだ。彼らは昇進を勝ち取り、家族のためにもっとお金を稼ごうとしていた。ただし、私の契約は給料制ではなく完全歩合制だった。

当初、こういう条件で教えるのは不利だと感じたものだが、結果的に受講生のモチベーションを高める方法を学べたのだから素晴らしいトレーニングになったと思う。授業は一回ごとに申し込む形式だったので、毎回の授業を魅力的なものにして何度も来てもらえるように工夫しなければならなかった。

それはワクワクする仕事で、私は大好きだった。受講生たちがみるみる自信をつけて昇進と昇給を勝ち取ったことに驚いた。話し方教室は私の想像をはるかに超える大成功を収めた。

やがて、話し方だけでなく人間関係の技術を教える必要があることに気づいた。そこで膨大な本や資料を読み、実際に試して得られた成果をもとに苦心して書き上げたのが『人を動かす』である。

受講生たちが抱えていたもうひとつの大きな問題は、悩みにどう対処するかということだった。成人教育の受講生は多種多様な職業に就いていて、彼らの大半は悩みを抱えていた。受講生には女性もたくさんいて、何らかの職業に就いていた人もいたし、専業主婦もいた。彼女たちも悩みを抱えていた。そこで今回、私は悩みの対処法について本を書くことにした。

ところが大きな図書館に行っても、そういう本はなかなか見当たらなかった。悩みは人間にとって最大の問題のひとつなのに、不思議なことに、高校や大学の授業で悩みの対処法を教わった人は一人もいない。その結果、全国の病院のベッドの半数以上が心身の悩みを抱えて苦しんでいる人たちによって占められているのが現状である。

　私は本書を書くために長年の歳月を費やした。古今東西の偉人たちが悩みについて言っていることを知るために哲学書や思想書、心理学書を片っ端から読んだ。また、政財界から芸能界、スポーツ界にいたるまで幅広い分野で活躍している有名人に話を聞き、夜間の成人教育のクラスでも多くの受講生から話を聞いただけでなく、興味深い手紙をたくさんもらった。

　こうした経験の結果、私は悩みを克服する方法について世界中の誰よりも多くの人から学んだと自負している。だから本書は学術的な本ではなく、きわめて実用的な本である。

　フランスの批評家ヴァレリーは「科学とは、うまくいく方法の集大成だ」と言っている。とすれば、本書は、悩みをうまく克服するための方法の集大成だ。

　ここでお断りしておく。本書には目新しいことが書かれているわけではないが、多くの人があまり実行していないことがたくさん書かれている。実際、私たちは新しいことを教わる必要はない。素晴らしい人生を送る方法については誰もがすでに知っているからだ。

私たちの課題は、方法を知らないことではなく、その方法を実行していないことである。本書の目的は、大昔から知られている基本的な真実を整理して具体的に説明し、読者に行動を促すことだ。

では、さっそく始めよう。

D・カーネギー

＊本書は２０１８年12月に小社より刊行された『超訳 カーネギー 道は開ける』を加筆修正し、文庫エッセンシャル版として再編集したものです。

超訳 カーネギー 道は開ける エッセンシャル版　目次

II 仕事に打ち込んで心配事を消し去る

III すすんで人々に奉仕する

IV 心の持ち方を変える

V 批判に屈しない

Ⅰ 逆境を糧に道を切り開く

001

逆境が人格を磨く

北欧には「北風がバイキングをつくった」という格言がある。つまり、冷たい北風が吹きすさぶ過酷な環境に鍛えられて勇敢な人物に育つ、という意味だ。逆境にあえいでいるとき、これは大いに励みになる教えである。

幸せになるためには安楽な暮らしをする必要があるという考え方を、私たちはどこで身につけたのだろうか。自分を哀れむ人はソファーに座って安楽に過ごしているときですら、悲嘆に暮れるものだ。

歴史を振り返ると、逆境を乗り越えるために一生懸命に努力している人には必ず幸福が訪れ、立派な品性が備わるものである。

002

現状に希望を見いだす

ある若い女性の興味深い体験談を紹介しよう。

「夫が西部の砂漠の近くにある米軍基地に配属されたので、私も同行しました。しかし、夫は訓練でめったに帰宅せず、現地の人たちは英語がわからないので話し相手がおらず、おまけに猛烈な暑さで、食べ物も口に合いませんでした。『もう我慢の限界だから帰りたい』と手紙に書いて実家に送ると、父から短い返事が来ました。

二人の囚人が牢獄の鉄格子から外を眺めた。

一人はぬかるんだ地面を見て、もう一人は明るく輝く星を見た。

私はこの文面を読んで反省し、自分が置かれている状況の中でよい点を探すことにしました。現地の人たちに友好的に接すると、彼らも友好的に接してくれました。サボテンの研究はとても楽しかったですし、砂漠で見る夕日の美しさには感動しました。最大の収穫は、心の中の牢獄から脱け出し、明るく輝く星を見たことです」

003

たゆまぬ努力が道を切り開く

ハンガリーの偉大な劇作家モルナール・フェレンツは若き日の挫折をこう振り返った。

「私は半世紀前の父の言葉をずっと座右の銘にしてきた。当時、大学で法律を勉強し始めたが、試験で落第してしまい、恥ずかしくて生きていけないと思った。そこで、現実から逃避するために、アルコールに慰めてもらうことにした。

そんなある日、突然、父が下宿先を訪ねてきた。熟練の医師だった父は、私が酒に溺れていることをすぐに見抜き、その場で解決策を示した。すなわち、アルコールや睡眠薬に頼っても何の役にも立たない。挫折に効く薬はひとつしかない。それはこの世で最もよく効く薬である。その妙薬の名は努力だ、と。

たしかに努力するのは困難かもしれない。だが、遅かれ早かれ、それは成功につながる。しかも、それは麻薬のような作用を持っている。強い習慣性があるからだ。いったん努力するのが習慣になれば、もうそれをやめることはできなくなる。実際、私はこの半世紀間、努力するのをやめたことは一度もない」

004

弱点が意外なかたちで助けてくれる

成功者たちの経歴を調べれば調べるほど、驚くほど多くの人が努力によってハンディキャップを克服したからこそ偉業を達成できたのだと確信するようになった。この点について、心理学者のウィリアム・ジェームズは「弱点が意外なかたちで助けてくれる」と表現している。

なるほど、歴史に名を残す偉人たちはみな、そうなのかもしれない。

たとえば、ミルトンがすぐれた詩を書いたのは、目が不自由だったからだろう。ベートーヴェンが名曲をつくったのは、耳が不自由だったからだろう。ヘレン・ケラーが社会運動家として活躍したのは、三重苦を背負っていたからだろう。

チャイコフスキーが悲惨な結婚生活を送らなかったら、名曲「悲愴」をつくれなかったかもしれない。トルストイとドストエフスキーが不幸にさいなまれなかったら、不朽の名作を書けなかったに違いない。

005

逆境をバネにした人たち

「もし病弱でなかったら、私は功績をあげることはできなかっただろう」と言った人物がいる。進化論を唱えた科学者チャールズ・ダーウィンである。「弱点が意外なかたちで助けてくれる」という法則を、彼は身をもって証明したのだ。

ダーウィンがイギリスで生まれたのと同じ日にケンタッキー州の丸太小屋で一人の赤ん坊が生まれた。エイブラハム・リンカーンである。彼もまた、「弱点が意外なかたちで助けてくれる」という法則を実証した。

実際、リンカーンには弱点がいくつもあった。もし彼が裕福な家庭に育ち、ハーバード大学法学部を卒業し、幸せな家庭生活を送っていたら、ゲティスバーグの演説で民衆に感銘を与えることも、就任式で「誰に対しても悪意を抱かず、誰に対しても慈悲の心で接する」という、為政者として最も素晴らしい言葉を発することもなかっただろう。

006

与えられた条件で精一杯生きる

オーレ・ブルはノルウェーが生んだ偉大なバイオリン奏者である。

パリでコンサートを開いたとき、途中でバイオリンの弦の一本が切れるというアクシデントに見舞われた。しかし、彼は少しもあわてることなく、残りの三本の弦を使って見事に演奏し、満場の聴衆を魅了した。

誰の人生にも足りないものは必ずある。だが、それについて不平を言ったところで何も始まらない。要は、自分が持っているものを積極的に活用し、道を切り開けばいいのだ。

人生で勝利を収めるというのは、そういうことである。

007

辛い経験を生かす

心配しない秘訣について、シカゴ大学のロバート・ハッチンズ学長に尋ねたところ、「レモンを投げつけられたらレモネードをつくれ、という教えに従うことだ」という答えが返ってきた。つまり、どんなに辛いことがあっても、知恵を絞ってそれを生かす方法を考えろ、ということだ。

これが偉大な教育者の人生哲学である。

ところが愚か者はそれと正反対のことをする。少しでも辛いことがあれば、すぐに投げやりになって「ああ、もうダメだ」と絶望し、「社会が悪い」と文句を言い、「自分はなんて不幸なのだ」と嘆くのである。

一方、賢者は辛いことがあっても前向きな姿勢を貫き、「この状況からどんな教訓を学ぶべきか」と自分に問いかけ、現状を打開して成功につなげる方法を考える。

008

とにかく挑戦する

絶望の淵に立ち、レモンをレモネードに変えられる見込みすらないと感じるときでも、果敢に挑戦すべき理由はふたつある。

ひとつ目の理由は、それがうまくいくかもしれないからだ。

ふたつ目の理由は、たとえそれがうまくいかなくても、マイナスをプラスに変えようとするだけで前向きな姿勢になれるからだ。ネガティブな思考をポジティブな思考と取り換え、創造的なエネルギーを発揮して物事に取り組んでいると、もうすんだことをくよくよしている暇がなくなる。

009

ピンチをチャンスに変える

ハリー・フォスディック牧師は「幸せとは困難を乗り越えて勝利の喜びにひたることだ」と言っている。

困難を乗り越えて勝利を収めたフロリダ在住の男性を訪れたことがある。当初、手に入れた農場が荒れ地で作物が育たず、ひどく落胆したという。雑草が生い茂り、ガラガラヘビが繁殖したが、彼は画期的なアイデアを思いついた。誰もが驚いたことに、ガラガラヘビの肉を缶詰にして売ることにしたのだ。

その後、年間約二万人の観光客がガラガラヘビの農場を見学に訪れるようになった。牙の毒は薬品をつくるために研究所に送られ、革は女性の靴やハンドバッグをつくるために販売され、肉は缶詰にして世界中の顧客に届けられた。

知恵を絞って困難を乗り越えたこの男性に敬意を表して、現地は「ガラガラヘビ村」と改称された。

010

誰もがマイナスをプラスに変える力を持っている

オーストリアの偉大な精神医学者アルフレッド・アドラーは、人間に秘められた力について研究したことで知られる。

彼は長年の研究の結果、「人間の驚くべき特徴のひとつは、マイナスをプラスに変える力を持っていることだ」と断言している。

011

自分の弱点を生かす

伝記作家のウィリアム・ボリソーはこう言っている。

「人生で最も大切なのは、自分の長所を生かすことではない。そんなことは誰でもできる。最も大切なのは、自分の弱点を生かすことだ。そのためには知性が必要になる。それができるかどうかが、賢者と愚者の違いである」

ボリソーがそう言ったのは、列車事故で片足を失った後である。

もしできることなら、私はこの名言を書いた紙を額縁に入れて、全国のすべての学校に飾っておきたい。

012

事故による障害を乗り越えた人

数年前、ジョージア州のホテルのエレベーターで明朗快活な男性に出くわした。彼は両足がなく、車椅子に乗っていた。話を聞いたところ、二十四歳のときに交通事故で両足を失ったという。

当初は嘆いていたが、悲しみを乗り越え、読書に専念することにした。十四年間で少なくとも千四百冊の本を読んだ。二十四歳で歩けなくなったが、そのおかげで人生がむしろ豊かになったように感じるという。

彼は笑顔でこう語った。

「本に親しむようになって深く考える力が身につきました。価値観がすっかり変わり、それまでまったく関心がなかった政治に興味を持ち、政界の人たちと知り合いになって彼らのスピーチライターになることができました」

現在、彼はジョージア州の州務長官として活躍している。

013 進学できなくても独学で成功した人

私は約三十年にわたって成人教育に携わり、大学に行かなかったのを後悔している人が多いことに気づいた。彼らは学歴がないことをハンディキャップとみなしていたが、高校にすら行っていない成功者はたくさんいる。

たとえば、ある成功者は極貧の境遇で育ち、小学校すら卒業していない。父親を早く亡くした後、母親は工場で働き、帰宅後も夜遅くまで内職をした。

彼は人前で話すことを学んだこともあって政界に入ったが、政治のことはまったくわからなかったので一日に十六時間も猛勉強した。

これはアル・スミスのことである。彼は十年間、独学して政治学者並みの知識を身につけ、ニューヨーク州知事を四期務めた。小学校すら卒業していなかったが、ハーバード大学とコロンビア大学から名誉博士号を授与された。

彼は「もし一日に十六時間、十年間にわたって猛勉強してマイナスをプラスに変えなかったら、こんな展開にはならなかっただろう」と言っている。

014

目の前の課題に取りかかる

一八七一年の春、一人の若者が本を手にとり、将来に重大な影響をおよぼすことになる一文を目にした。彼はカナダのモントリオール総合病院で研修中の医学生で、最終試験に合格するかどうか、将来どうすべきかを真剣に悩んでいた。

この若き医学生は当時読んだ一文に触発されて何年も研鑽を積み、イギリスで医学者に贈られる最高の栄誉であるオックスフォード大学医学部欽定教授に就任し、多大な功績を認められてイギリス国王からナイトの称号を授与された。

彼の名はウィリアム・オスラーである。彼が感銘を受けたその一文を紹介しよう。それはイギリスの批評家トーマス・カーライルの名言で、彼が悩みから解放されるのに大いに役立った。

「われわれの大きな目標は、遠くにぼんやりと見えるものを眺めることではなく、目の前の明確な課題に取りかかることである」

015

経済状態よりも心の持ち方を改善する

どうしても経済状態を改善できないなら、それに対する心の持ち方を改善すればいい。他の人たちも自分の経済状態を心配していることを思い出そう。私たちは世間の人たちに後れをとることを心配しているが、その人たちも金持ちの人たちに後れをとることを心配している。そして、金持ちの人たちも大金持ちの人たちに後れをとることを心配している。つまり、どんなに金持ちになろうと、人間は自分より金持ちの人たちに後れをとることを心配するのだ。

貧しくて、ほしいものが手に入らなくても、心配したり悩んだりする必要はない。貧しいことがどうしても心配な人は、ローマの哲学者セネカの言葉を肝に銘じよう。

「自分が持っているものが不十分だと思うかぎり、たとえ世界を手に入れたとしても心は満たされない」

016

貧しくても偉業を成し遂げた人たち

今、あなたはお金に困っていて経済不安を抱えているかもしれない。だが、貧しくても歴史に残る偉業を成し遂げた人たちがいる。

実際、興味深いことに、アメリカ史上最も有名な人たちの中には、経済的に困っていた人たちも含まれている。たとえば、ワシントンとリンカーンは大統領就任式に出席するために借金をして旅費をまかなった。

II

仕事に打ち込んで心配事を消し去る

017
今日すべきことに全力を傾ける

オックスフォード大学を含む四つの大学の教授を務めたウィリアム・オスラー医師はイェール大学の学生たちに向けた講演の中で、「私は特別な能力の持ち主と思われがちだが、友人たちからは『ごく平凡な頭脳の持ち主だ』と言われている」と語った。

では、彼の成功の秘訣はいったい何だったのか？

イェール大学での講演の数か月前、オスラー教授は豪華客船で大西洋を渡った。彼はそのときの経験をもとに学生たちにこう言った。

「諸君は豪華客船よりもはるかに素晴らしい存在であり、これから長い航海に出発しようとしている。昨日のことを思い悩まず、明日のことを心配してはいけない。そんなことをしたら、どんなに強い人間でも倒れてしまう。昨日や明日のことに貴重なエネルギーを浪費せず、今日のことに最善を尽くして生きていけばいい。

ただし、これは明日のために準備をしなくてもいいという意味ではない。今日すべきことに全力を傾けることが、明日に備える唯一の方法なのだ」

018

一日ずつ、一時間ずつ大切に過ごす

人間の本性について悲劇的なのは、誰もが生きることを延期する傾向があることだ。人々は窓辺に咲いているバラを見て楽しむのではなく、地平線の向こうにあるバラ園を夢見ている。

なぜ私たちはこんなにも愚かなのだろうか？　なぜこんなにも悲劇的なくらい愚かなのだろうか？

小さい子供は「いつか大きくなったら」と言い、大きい子供は「いつか大人になったら」と言う。大人は「いつか結婚したら」と言い、既婚者は「いつか定年を迎えたら」と言う。ところが実際に定年を迎えたら、過去を振り返り、長い年月が過ぎ去ってしまったことに気づく。

人生とは、一日ずつ一時間ずつ大切に過ごすことである。しかし不幸なことに、私たちはそれを学ぶのがあまりにも遅すぎるのだ。

019

心配事に対処するための方法

心配事に対処するための即効性のある方法を知りたいなら、エアコンの生みの親であるウィリス・キャリアー氏のメソッドを参考にしよう。彼はこう言っている。

「私は若いころ仕事で大失敗してしまい、しばらく心配で眠れなかった。そこで、それを克服する画期的な方法を思いつき、三十年以上それを実行してきた。とてもシンプルなので誰でもできる。それは次の三つのステップから成り立っている。

ステップ1　起こりうる最悪の事態は何かを考える

ステップ2　それを心の中で受け入れる準備をする

ステップ3　最悪の事態を改善する方法を実行する

どんなに大きな失敗をしても、最悪の事態を想定し、それを受け入れる心の準備をしよう。そしてそのうえで、最悪の事態を改善する方法を考えて実行すれば、すぐにリラックスして落ち着きを取り戻すことができる」

020

最悪の事態を受け入れる

中国生まれでニューヨーク在住の文学者、林語堂(りんごどう)は「真の心の平安とは、最悪の事態を受け入れることから始まる」と言っている。

まったくそのとおりだ。最悪の事態を受け入れることができれば、もう怖いものはない。ということは、得るものばかりだ。

理にかなっていると思うが、どうだろうか。ところが、多くの人は失敗するとすぐに動揺してしまい、人生を台無しにしている。その原因は、最悪の事態を受け入れようとしないので、それを改善する方法を実行できないからだ。彼らは人生を立て直すために努力するのではなく、挫折したことに思い悩んで抑うつ状態に陥ってしまうのである。

021

迅速に決定をくだして実行に移す

大成功した実業家のゲイレン・リッチフィールド氏によると、次の四つのステップで心配事の九割は克服できるという。

ステップ1　心配していることを正確に書きとめる
ステップ2　それについて自分ができることを書く
ステップ3　自分が何をすべきかを決定する
ステップ4　その決定をもとにすぐに行動を起こす

なぜこのやり方が効果的なのか？

具体的に問題の核心に迫ることができるからだ。

とにかく何かをすることが大切である。行動を起こさないかぎり、いくら分析しても意味がない。それは単なるエネルギーの浪費である。

022

あまり考えすぎない

心理学者のウィリアム・ジェームズは「いったん決定をくだしたら、すぐに実行に移そう。その結果について不安を抱く必要はない」と言っている。

優柔不断になってグズグズしてはいけない。いったん疑念が生じると、さらに疑念が生じるだけだ。

実業家として成功を収めたウェイト・フィリップス氏は、決定を素早く実行に移すことの重要性についてこう言っている。

「抱えている問題について考えすぎると心配性になるおそれがある。もちろん考えるのはいいが、度を超すと有害だ。ある程度考えたら決定をくだし、迅速に行動を起こそう。後ろを振り返って迷ってはいけない」

023

整理整頓を心がける

さまざまな案件に関する書類が机の上に散らかっている人でも、重要案件だけを残して机の上をきれいに片づけると、仕事が以前よりもはかどる。それは効率よく働くための絶対条件だ。

整理整頓はビジネスの鉄則である。ところが多くのビジネスマンの机は、何週間もほったらかしの書類であふれているのが現状だ。そんな机を見るだけでも、ストレスがたまり、憂うつな気分になってしまう。未処理の案件が山積していることをたえず思い知らされると、心労が重なって血圧が上がり、心臓の調子を悪くし、胃潰瘍を患いかねない。

ペンシルベニア大学医学部のジョン・ストークス教授はアメリカ医師会の総会で、「やらなければならない案件がたくさんあって重苦しい気分になることが、精神を病んでしまう最大の原因のひとつだ」と指摘している。

024

案件をてきぱきと処理する

精神科の権威ウィリアム・サドラー医師は、机の上をきれいに片づけただけでノイローゼが治った患者の例を紹介している。その患者は大企業の役員をしていたが、精神を病んで医者の助けを求めた。サドラー医師はこう言っている。

「その男性が話しているときに電話が鳴った。病院からの電話だったが、私は少し考えてすぐに結論を出した。電話を切ると次の電話がかかってきた。重要案件だったが、それもすぐに処理した。すると、同僚の医者が重症患者について相談に来たので、それもすぐに処理した。私がその男性を待たせたことを謝ろうとすると、彼は明るい表情になっていて、『謝る必要はありません。この数分間で私は自分の問題の本質がわかりました。さっそく仕事の習慣を改めます』と言った。

その男性は私の机を見て、未処理の書類がなく、きちんと整理整頓されていることに感動し、案件をすぐに処理することにした。そして、それがノイローゼの解消に役立ち、気分がよくなったと喜んでいた」

025

人間は過労ではなく心労で死ぬ

最高裁判所のチャールズ・ヒューズ元主席判事は、「人間は過労が原因で死ぬのではなく、心労がたたって死ぬ」と言っている。

つまり、人々は働きすぎて死ぬのではなく、まだ仕事をやり終えていないという不安にさいなまれてストレスがたまり、心身のエネルギーが消耗して死んでしまうのである。

026

優先順位に従って行動する

チャールズ・ラックマン氏は無一文から数年後には大企業の社長に上り詰め、しかも億万長者になった。彼の成功の秘訣は、よく考えて優先順位を決め、それに従って行動することだった。

彼はこう言っている。

「私は長年にわたり毎朝五時に起きる習慣を続けた。私にとって、早朝は他のどの時間帯よりも頭が冴えているので、優先順位に従って計画を立てやすいからだ」

全米で最も成功した保険外交員の一人、フランク・ベトガー氏は一日の計画を立てるために早朝まで待たなかった。前日の夜に翌日の計画を立てたからだ。契約を何件とるかという目標を設定し、もし達成できなければ、次の日に持ち越すというやり方だった。

私は長年の経験から、いつも優先順位に従って行動できるわけではないが、行き当たりばったりで行動するよりずっといいと確信している。

027

情報がある程度そろったら、さっさと決定をくだす

H・P・ハウエル氏が全米最大の鉄鋼メーカーであるUSスティール社の役員だったとき、役員会議で決定がくだされることがめったになく、各役員は自宅に持ち帰って議題を検討しなければならないことがよくあった。

そこで彼は他の役員たちに、どの議題に対しても、そのつど迅速に決定をくだすように説得した。その結果、「情報をもっと集める」という決定も含めて、とにかく何らかの決定をくださなければ次の議題に移らないというルールになった。すると、役員たちが自宅に持ち帰る報告書が激減し、積み残しになっている議題がなかなか片づかないというストレスから解放された。

これはUSスティール社の役員にとってだけではなく、誰にとっても有意義なルールである。

028

課題を他人に任せる

多くのビジネスマンは課題を他人に任せることができず、自分ですべて処理しようとして心労のあまり早死にしている。自分一人で細かいことまですべてやろうとすると、精神的に疲れてしまう。人間は過度な不安と心配が続くと、心身の健康を損なうおそれがあるのだ。

課題を他人に任せるのは難しい。それは私も経験してよく知っている。さらに、任せる相手を間違えると、ひどい目にあうことも経験してよく知っている。だが、誰かに任せるのがどれほど難しくても、リーダーは重圧に押しつぶされないためにそれをしなければならない。

どんなに自分の会社を大きくしても、課題を他人に任せて管理することを学ばなければ、たいてい五十代か六十代で心臓のトラブルに見舞われる。心因性の心臓病だ。

具体例を知りたいなら、地元の新聞の死亡欄を読むといい。

029

仮眠をとって疲労から回復する

実業家のジョン・ロックフェラーはふたつの記録を樹立した。ひとつは貧困から身を起こして世界的な大富豪となったことで、もうひとつは九十七歳まで健康で長生きしたことだ。その要因は長寿の素因を受け継いだことだけでなく、いつもオフィスで三十分の仮眠をとっていたことである。オフィスのソファーで横になっている最中は、どんな重要人物でも電話を取り次いでもらえなかった。

この分野の第一人者、ダニエル・ジョセリン博士は「休憩とは何もしないことではなく、仮眠をとって疲労から回復することだ」と言っている。たった五分の仮眠でも疲労回復に効果があるというのだから、たかが昼寝と軽んじることはできない。

大リーグの名監督コニー・マックは試合前に仮眠をとらなければ五イニングしかもたなかったが、たった五分でも仮眠をとるとダブルヘッダーでも疲れを感じずに采配を振るった。発明家のトーマス・エジソンにいたっては、寝たいときはいつでも寝るという習慣によって強靭な体力を維持していた。

030

チャーチルの成功の秘密

第二次世界大戦のさなか、ウィンストン・チャーチルは六十代後半から七十代前半だったが、五年間にわたってイギリスの首相を務め、毎日十六時間も働いて陣頭指揮をとった。驚異的な記録だが、その秘訣はなんだったのか？

彼は毎朝十一時までベッドで横になって報告書を読み、指令を出し、電話をかけ、重要な会議を開いた。昼食後、またベッドで横になり、一時間ほど仮眠をとった。夕方になるともう一度ベッドに行き、二時間ほど寝て午後八時に夕食をとった。

彼は疲労から回復する必要がなかった。なぜなら、仮眠をとって疲労を未然に防いでいたからだ。頻繁に休憩をとっていたので、夜中でも元気はつらつとして働くことができたのである。

031

頻繁に休憩をとる

心配性を克服する方法に関する本で、疲労を防ぐ方法を紹介しているのはなぜか？その答えは単純明快である。疲労は心配性を引き起こしかねないからだ。少なくとも心配性の一因になりやすい。

疲労が風邪やその他のさまざまな病気に対する免疫力を下げることは、医学生なら誰でも知っている。また、疲労が心配や恐怖といったネガティブな感情に対する抵抗力を弱めることは、精神科医なら誰でも知っている。したがって、疲労を防ぐことは心配性を克服することにつながるのだ。

シカゴ大学臨床生理学研究所の所長を務めるエドマンド・ジェイコブソン博士は、リラクゼーションを臨床医学に応用するための研究を長年おこない、リラックスしているときは心配や恐怖などのネガティブな感情は存在しないと結論づけた。

そこで、疲労を防いで心配性を克服するための第一のルールは、頻繁に休憩をとってリラックスすることである。できれば、疲労を感じる前に休憩をとると効果的だ。

032

名将に学ぶ心配性を克服する方法

大リーグの名将として知られるコニー・マック監督は、「以前は負け試合が続くと心配で眠れなかった。もし心配するのをやめなかったら、とっくの昔に死んでいたと思う」と言い、心配性を克服する方法を説明している。

❶ 心配しても何の得にもならないことを理解する。
❷ 心配すると健康に悪いことを理解する。
❸ 試合に勝つことに集中し、負け試合にくよくよする時間がないようにする。
❹ 試合に負けても翌日になるまで選手のミスを指摘しない。翌日になれば、選手に冷静に話しかけることができる。他の選手の前で特定の選手を叱ると、その選手は反感を抱いて協力してくれなくなる。
❺ あら探しをせず、選手をほめて勇気づけるようにする。
❻ 疲れていると心配しやすくなるから、毎晩十時間は寝て午後は昼寝をする。

033

時間に解決させる

ホープ教会のジョン・ミラー牧師はこう言っている。

「数年前、私は心の持ち方を変えることによって心配事をなくせることを発見した。心配事は自分の外部にあるのではなく自分の内面にあることに気づいたからだ。

やがて私は、時間が心配事の大半を解決していることがわかった。実際、一週間前に自分が何を心配していたかを思い出せないことがよくある。そこで私は、少なくとも一週間が経過するまでは問題について悩まないことにした。もちろん、一週間にわたって完全にそれを忘れられるわけではないが、一週間が経過するまではそれが心を占有しないようにした。その結果、九割の確率で一週間以内に問題が自然に消滅した」

034

その日の仕事に全力を尽くす

「近代医学の父」とたたえられるウィリアム・オスラーは偉大な医師であっただけでなく、生き方の達人でもあった。

彼は自分の功績をたたえるために開かれた晩餐会のスピーチでこう語った。

「もし私が成功したとすれば、その最大の要因は、その日の仕事に取りかかって全力を尽くし、後は成り行きに任せたことだ」

つまり、その日の仕事に全情熱を傾けることは、心配を消し去る力を持っているということだ。

035

楽しめる仕事を見つける

ハリー・フォスディック牧師は「仕事を選ぶときは誰もがギャンブラーだと言える。自分の人生をそれに賭けなければならないのだから」と言っている。

とすれば、そのギャンブルで勝つ確率を上げるにはどうすればいいか？

まず、自分が楽しめる仕事を見つける努力をすることだ。実業家のデービッド・グッドリッチ氏はこう言っている。

「仕事で成功する第一の条件は、仕事をしながら楽しく過ごすことだ。仕事が楽しいなら長時間でも働くことができるが、働いているという感覚はまったくなく、まるで遊んでいるように感じるはずだ」

発明家のトーマス・エジソンはその典型である。研究所の中で食事をし、寝泊まりをし、一日に十八時間も働いたが、彼にとっては労働ではなかった。「私は生涯で一日も働いたことがない。それは仕事というより道楽のようなものだった」と言っている。

彼が大成功を収めたのも不思議ではない。

036

自分に合った職業を見つける

実業家のチャールズ・シュワッブは「全情熱を傾ければ、どんな仕事に就いても成功する」と言っている。だが、どんな仕事をしたいかがわからないなら、どうやって仕事に情熱を燃やせばいいのだろうか？

デュポン社の人事部長として数千人の面接を担当したエドナ・カー氏は、「私が考える最大の悲劇とは、あまりにも多くの若者が本当にしたいことを見つけていないことです。仕事で得るのは給料だけという人ほど哀れな存在はありません」と言っている。あまりにも多くの優秀な男女がバラ色の夢を描いて社会に出て、中年になるころには大きな不満を抱き、場合によってはノイローゼになるのも無理はない。

実際、自分に合った職業を見つけるのは健康にとって重要なことだ。ジョンズ・ホプキンズ大学病院のレイモンド・パール医師は長寿の秘訣の大きな要因として、自分に合った職業を挙げている。「天職を見つけた人は幸せだ」というイギリスの批評家トーマス・カーライルの言葉にパール医師は賛同するに違いない。

037 嫌いな仕事を続けるのは精神的負担になる

悩みを克服するための本で職業の選択に言及するのは奇妙だと思うかもしれない。しかし、嫌いな仕事を職業に選んだために大きな心配や後悔、不満を抱くことを考えると、それはけっして奇妙ではない。父親や近所の人、上司にそれについて尋ねてみよう。

イギリスの有名な経済学者ジョン・スチュワート・ミルは「雇用のミスマッチは社会における最大級の損失だ」と断言している。たしかに、この世で最も不幸な人たちの中には、雇用のミスマッチが原因で日々の仕事を嫌っている人たちがたくさん含まれている。

偉大な精神科医ウィリアム・メニンガーはこう言っている。

「興味のない仕事をしたり、自分が評価されていないと感じたり、自分の才能が発揮できない職場にいると感じたりすると、いずれ精神を病んでしまうおそれがある」

038 父親の反対を押し切って天職に就いた若者

フィル・ジョンソンの父親は洗濯屋を営んでいたので、息子を跡継ぎにして立派な職業人にしようと思っていた。ところがフィルは家業が嫌いだったので、仕事に情熱を傾けることができず、仕事を休むことがよくあった。父親は息子のやる気のなさにがっかりし、他の従業員たちに対して恥ずかしく思った。

ある日、フィルは父親に「整備工になりたいので機械工場で働きたい」と言った。父親は驚いて「工場作業員になりたいのか？」と言った。だが、フィルは洗濯屋で働いていたときよりずっと真剣に働き、長時間労働をいとわず、大いに仕事を楽しんだ。エンジンについても熱心に勉強した。やがて彼は高性能の飛行機を設計し、最終的にボーイング社の社長にまで上り詰めた。

もしフィルが洗濯屋の仕事を続けていたらどうなっていただろうか？　私の推測では、父親の死後、彼は家業を破綻させていたはずである。

039

職業を選択する際は自分で決定する

若い人たちには、「家族の要求というだけで自分の職業を選択してはいけない」と言いたい。

とはいえ、親のアドバイスにはよく耳を傾けるべきだ。親はあなたより二倍ほど長く生きているから、豊富な経験に裏打ちされた知恵を身につけている。だが、最終的には自分で決定をくださなければならない。その仕事をして幸せになるのも不幸になるのも自分自身だからだ。

040

自分について最もよく知っているのは自分自身だ

職業カウンセラーは提案するだけで、決定するのはあなたである。職業カウンセラー同士でも相反することを言うことがよくある。

職業カウンセラーは判断ミスを犯しがちだ。実際、職業カウンセラーはときには愚かなミスを犯す。たとえば、語彙が豊富だという理由だけで作家になるようにアドバイスするのがそうだ。だが、こんな馬鹿げた話はない。職業の選択はそんなに単純なものではないからだ。

語彙が豊富でなくても、わかりやすい書き方をすることはできる。作家になるためにはアイデアや経験、感動、信念が必要である。語彙が豊富なら速記係には向いているが、作家になれるわけではない。

041

職業を選択する前に、その職業の人に相談する

職業を選択する際には、その職業に就いている人に質問をしよう。たとえば建築家になりたいなら、建築家に質問しよう。三十分間の面会に対して謝礼を払ってもいい。

❶ もう一度人生をやり直せるなら、やはり建築家になりますか？

❷ 私を見て、建築家として成功すると思われますか？

❸ 四年間、建築の勉強をしても、私が建築家になるのは難しいでしょうか？

❹ 平均的な能力の持ち主なら、最初の五年間でどれぐらい稼げるでしょうか？

一人で会いに行くのがおっくうなら、同じ志を持つ若者と一緒に行けばいい。二人なら安心感が得られる。そういう若者が見つからなければ、父親と一緒に行けばいい。

相手は喜んで面会に応じてくれるかもしれない。大人は若者に助言をするのが好きだということを覚えておこう。十人の建築家を訪問すれば、誰かが応じてくれるはずだ。自分の人生に大きな影響をおよぼす決定をしているのだから、時間をとって相談してもらわなければ、ずっと後悔することになるかもしれない。

042

適性があるのは、たったひとつの職業だけではない

たったひとつの職業に対してしか適性がないという間違った考え方を捨てよう。どんな人でも多くの職業で成功できるはずだが、たぶん多くの職業で失敗することもありえる。

たとえば私の場合、編集、教育、医療、販売、広告、農業、林業の分野なら成功する可能性が高いと思うが、経理、財務、ホテル、工業、工場労働、建築、機械の分野では失敗して不幸な思いをするに違いない。

043

たえず自分にポジティブに話しかける

毎日、自分にポジティブに話しかけるのは浅はかだろうか？

そんなことはない。それはむしろ健全な心理学に基づいている。「人生とは自分の思考がつくり上げるものだ」というローマ皇帝マルクス・アウレリウスの言葉は、今でも千八百年前と同じくらい真実である。

毎日、たえず自分にポジティブに話しかけると、勇気と自信を心の中にみなぎらせることができる。感謝していることについて自分に話しかけると、高らかに歌いたくなる気分になるだろう。

044
仕事に打ち込む

仕事に打ち込めば、人生で得る幸福の量が二倍になる。なぜなら、私たちは起きている時間の約半分を仕事に費やしているからだ。もし仕事に幸福を見いださなければ、それをほかで見いだすことは難しいかもしれない。

仕事に打ち込めば、心配事を忘れ、長い目で見ると、きっと昇進と昇給を得ることができる。たとえそれが実現しなくても、心身の疲労を最小限に抑えて余暇を大いに楽しむのに役立つ。

045

いやな仕事でも情熱を注ぐ

訪問販売で大成功を収めたH・V・カルテンボーン氏は、大嫌いだった仕事をワクワクする体験に変えた秘訣について、こう語っている。

「食べていきたいなら、いやな仕事でもしなければならない。しかし、どうせしなければならないのなら、それをして楽しまないのは損だ。玄関前でベルを鳴らすたびに、観客の前に登場して脚光を浴びる俳優だと想像しよう。あなたが玄関前でしていることは、舞台の上でしていることと同じくらいワクワクする体験なのだから、情熱を込めて仕事をしたほうがずっと楽しい」

046

誰かと競争して仕事を面白くする

以前、工場の旋盤の前に立ってボルトをつくる仕事に嫌気がさしたサムという名の若者がいた。いっそ辞めてしまいたかったが、他の仕事が見つからないかもしれないので、思いとどまった。

そこで、彼はこの退屈な仕事を面白くしようと決意し、隣の機械工とどちらが多くのボルトを生産できるか競争することにした。工場長はサムのスピードと正確さに感動し、まもなく昇進させた。

これが一連の昇進のきっかけになり、三十年後、サムことサミュエル・ボークレインはボールドウィン機関車製造会社の社長に上り詰めた。もし彼が退屈な仕事を面白くする工夫をしなかったら、一介の機械工のまま終わっていたかもしれない。

047

楽しいと一瞬にして疲労が吹き飛ぶ

疲労の主な原因のひとつは倦怠である。

アリスという女性の事務員を例にとって説明しよう。ある晩、彼女は疲れて帰宅した。ぐったり疲れていたので、夕食もとらずにすぐに寝たかったぐらいだ。しかし、母親に「しっかり食べなさい」と言われて食卓に着いた。そこに電話のベルが鳴った。ボーイフレンドからのダンスパーティの誘いだった。突然、彼女は目を輝かせた。急いで二階の自室に行って好きなドレスを着てデートに出かけ、深夜まで踊った。とても楽しかったので眠れなかったぐらいだ。

アリスは職場から帰宅したときに本当に疲れていたのだろうか？　もちろんだ。退屈な仕事をずっとしたので疲れ果てていたのである。たぶん人生にも疲れていたに違いない。だが、こんな人はいくらでもいる。あなたもその一人かもしれない。

048

退屈すると疲労を感じる

疲労は肉体的な状態よりも精神的な状態と密接な関係がある。

数年前、ジョゼフ・バーマック博士が、退屈が疲労を引き起こすことを示す実験結果を心理学の雑誌に報告した。学生たちに関心がないことをさせたところ、疲労と眠気を感じ、頭痛と眼精疲労を訴え、場合によっては胃の不調を感じたという。

これは単なる想像だろうか？　そうではない。臨床検査をしたところ、退屈しているときは実際に血圧が下がり、酸素の消費量も減少したが、作業に興味がわいて楽しみを感じ始めたとたん、全身の代謝が改善したのである。

私たちはワクワクしているときに退屈を感じることはめったにない。最近、私はロッキー山脈の中を流れる川でマス釣りをした。森の中の険しい道を歩いたが、八時間経っても疲れをまったく感じなかった。行きは釣りが大好きなのでワクワクしていたし、帰りはマスを六匹も釣れて達成感が得られたからだ。だが、もし釣りが嫌いだったら、標高二千メートルを超える高い山を上り下りしなければならないので疲労困憊していたに違いない。

049

作業効率が落ちる原因

コロンビア大学のエドワード・ソーンダイク博士は学生たちを対象にして疲労の実験をおこない、「退屈することが、作業効率が落ちる原因である」と結論づけた。

050

疲労の本当の原因

もしあなたが頭脳労働者なら、仕事量が疲労の原因になることはめったにない。たぶんあなたが疲労を感じる原因は、仕事がまだ残っていることである。問題が次々と発生して作業が中断してしまい、思うように仕事がはかどらなかったとき、疲労を感じながら帰宅した経験があるはずだ。

しかし、翌日になって、すべてがうまくいき、前日よりも何倍も多くの仕事を片づけることができたとしよう。そんなとき、あなたは爽快な気分で帰宅した経験があるはずだ。私にもそういう経験がある。

以上のことから学ぶべき教訓は、たいていの場合、疲労は仕事そのものによって引き起こされるのではなく、仕事が満足にできていないという心配や不安によって引き起こされるということだ。

051

楽しみながら働けば疲れない

最近、ミュージカルコメディーを劇場で観たとき、「楽しみながら仕事をしている人は幸運だ」という興味深いセリフがあった。

なぜそういう人は幸運なのか？

よりエネルギッシュで、より幸せで、心配事が少なく、疲労をあまり感じないからだ。

興味を感じているとき、心身にエネルギーがあふれる。たとえば、がみがみ言う妻とは一緒にほんの少し歩くだけでも疲れるが、魅力的な恋人と一緒ならずっと歩いてもまったく疲れない。

052

自分と競争する

かつて石油会社に勤めていたある事務員は書類に数字を記入する仕事があまりにも退屈だったので、仕事を興味深いものにしようと決意した。そこで毎日、自分と競争することにした。毎朝、自分が記入した書類の数を数え、午後にその記録を超える工夫をしたのだ。そして一日の合計を数え、翌日にはそれを超える努力をした。その結果、他の事務員たちより多くの書類に記入することができた。

その結果、彼女は何を得たか？

称賛、感謝、昇進、昇給のどれでもない。退屈な仕事をして疲れるのを防ぐことができたのだ。退屈な仕事を興味深いものにすることによって、彼女はよりエネルギッシュになり、より情熱的になり、より幸せになった。

私がこの話をよく知っているのは、彼女が私の妻だからである。

053

いやな顔をせずに仕事をする

興味深い仕事であるかのように振る舞って恩恵を得た女性の実話を紹介しよう。

「会社には四人の事務員がいて、手紙をタイプする仕事を任されていました。ある日、上司が長文の手紙を最初からやり直すように言ってきたので、私は『やり直さなくても、少し修正すれば済むはずです』と主張したのですが、上司は『それなら代わりの者に頼む』と言ったのです。私は腹が立ちましたが、自分の代わりがたくさんいることに気づきました。そこで、仕事を楽しんでいるかのように振る舞ったところ、重大な発見をしました。仕事を楽しんでいるかのように振る舞うと、それをある程度は楽しむことができるということです。さらに、実際に仕事を楽しむと効率が上がることを発見しました。とすれば、残業する必要がめったにないということです。心の持ち方を変えたおかげで、私は高い評価を得て上司の秘書に抜擢されました。私がいやな顔をせずに仕事をしてくれるというのが理由でした」

054

退屈な作業を興味深いものにする

数年前、ハーラン・ハワード氏は人生を変えるような決断をした。退屈な作業を興味深いものにすることにしたのだ。昼休みと放課後、自分の高校の食堂でアイスクリームの盛り付けをする退屈なアルバイトをしていたが、生活費を稼ぐためにそれを続けなければならなかったので、アイスクリームの製法を研究した。その後、大学に進学して食品化学を専攻し、ココアとチョコレートの用途に関する全米の大学生を対象にした懸賞論文に応募したところ、見事に当選して百ドルの賞金を得た。

現在、大学を卒業しても仕事を得ることは難しいので、彼は自宅の地下に研究所をつくり、多くの乳業会社から牛乳の検査をする仕事を受注し、二人の助手を雇って業務を遂行している。

将来、ハワード氏はどうなるだろうか？　おそらく食品化学の分野で大きな功績をあげることになるだろう。

055

ボクシングの王者が心配性を克服した方法

ボクシングの元世界ヘビー級チャンピオン、ジャック・デンプシーは、自分が戦ったどのボクサーよりも手ごわい敵は心配性だったと言っている。

「私は、心配性を克服しなければ、体力も気力も失せて勝てなくなることを悟った。そこで、自分なりに工夫して次の三つを実行することにした。

❶ 試合中に勇気を出すために自分を鼓舞するようなことを心の中で言う。たとえば、『ヤツのパンチは痛くない。打たれても前に出ろ』と自分に言い聞かせた。ポジティブなことを言い、ポジティブに考えることは大いに役立った。

❷ 心配しても何の役にも立たないことを自分に言い聞かせる。私の場合、心配事の大半は試合前のトレーニング中に浮かんできた。夜、心配で一睡もできなかったこともある。しかし、心配しても何の得にもならないと言い聞かせて心配事を吹き飛ばした。

❸ 祈る。トレーニングをしながら何度も祈り、各ラウンドの合間にも祈った。それで勇気と自信がわいてきた。祈りをささげずに就寝したことは一度もない」

056

仕事に打ち込んで忙しく過ごす

心配性の人は仕事に打ち込むといい。これは、ハーバード大学の教授を務めた臨床医学の権威リチャード・カボット医師が提唱した考え方である。

「私は医師として、疑念、迷い、恐怖のために苦しんできた多くの患者が仕事に打ち込むことによって回復するのを見て幸せな気分にひたることができた。彼らは働くことで勇気を得て、自分を信じられるようになったのだ」

悩み事を抱えているときは忙しくすることが大切である。何もせずにじっとしたままくよくよしていると、ますます落ち込んでしまい、行動力と意志力を完全に失ってしまいかねない。

057 忙しく働いて心配性を克服した人

あるニューヨークのビジネスマンは、くよくよしている時間がないほど忙しく働いて心配性を克服した。

彼は果物販売会社の財務担当者で、取引先の会社がイチゴの取引を停止したために売上が落ち込み、倒産の危機に直面した。そこで、社長に掛け合ってイチゴを別の市場で売ったところ会社の業績は改善したが、彼の心配性は治らなかった。

「当時、私はノイローゼになりそうでしたが、生き方を変えて不眠症と心配性を克服しました。心配している暇がないほど忙しく働くことにしたのです。それまで一日に八時間働いていましたが、午前八時から深夜まで十五時間ほど働きました。夜中に帰宅すると疲労のあまりベッドに倒れ込み、数秒で寝つきました。

私は約三か月間このやり方を続け、心配性が治ったので、労働時間を一日八時間に戻しました。それから十八年が経ちますが、その間、不眠症や心配性に悩まされたことは一度もありません」

058

幸せかどうかを悩んでも何の役にも立たない

イギリスのノーベル賞作家バーナード・ショーは正しかった。彼は皮肉を込めて、こう言っている。

「みじめな気分で過ごす秘訣は、自分が幸せかどうかについて悩みながら暇を持て余すことである」

まったくそのとおりだ。もうそんなことで悩むのは今すぐにやめよう。そして忙しく働こう。血行が促進され、脳の働きがよくなるはずだ。その結果、全身に生命力がみなぎり、心配事が吹き飛ぶに違いない。

たえず忙しく過ごそう。これはこの世で最も安上がりで、しかも効果抜群の妙薬である。

心配性を克服したいなら、我を忘れるほど行動しよう。絶望して心身が衰弱するのを防ぐために、仕事に精を出そう。

059

問題を解決するために建設的な行動をとる

ミュラー社の工場長ジム・バードソール氏は、若き日をこう振り返っている。

「十七年前に士官学校にいたとき、私は極度の心配性だった。昼も夜もあらゆることについて心配した。物理の試験に落第したので退学させられる、健康を損なう、不眠症が治らない、お金がないので意中の女性をデートに誘えない、といった具合だ。

困り果てて士官学校のデューク・ベアード教授に相談すると、『心配するより問題を解決することに時間と労力を注げば、心配事はなくなる。心配性は後天的に身につけた悪習慣だ』と指摘され、『心配性を治す方法は、心配している問題を見きわめ、その原因を突き止め、それを解決するために建設的な行動をとることだ』と教わった。

そこで私は『物理を学んでも役に立たない』と不平を言うのではなく、頑張って物理を勉強して合格した。お金がないことを心配するのではなく、アルバイトに精を出してお金を稼いだ。ライバルに意中の女性を取られることを心配するのではなく、彼女にデートを申し込んでプロポーズした。現在、彼女は私の妻である」

060

自分の妄想を笑い飛ばす

パーシー・ホワイティング氏は、心配性に悩まされた日々をこう振り返っている。
「私は極度の心配性で、他の誰よりも多くの病気で死にかけました。父が薬局を経営していた関係で、私は普通の人より多くの病名を知っていたからです。病気について考えると、一時間も二時間もずっと心配しました。実際、あまりにも心配でいたたまれず、何度も死ぬような思いをしました。

今では笑い話ですが、当時は悲劇でした。心配しすぎて墓穴を掘っていたのです。新しい服を買う時期になっても、『どうせすぐに死ぬのだから、服を買ってもお金の無駄づかいになるだけだ』などと思いました。

現在、心配性は完治しました。この十年間、死ぬような思いをしたことは一度もありません。どうやって心配性を克服したのか？『この二十年間、致命的な病気に侵されて死ぬような思いを何度もしてきたが、ほらこのとおり、いたって健康だ』と考え、自分の妄想を笑い飛ばすことにしたのです」

061

必死で働けばどん底からでも這い上がれる

小説家のホーマー・クロイはどん底から這い上がった経験をこう振り返っている。

「五十歳のとき自宅を差し押さえられ、一家が路頭に迷ってしまった。その十二年前、小説を映画化する権利を高値で映画会社に売り、家族と一緒に夏はスイスで、冬はリビエラで過ごしていた。そしてパリで小説を書くと、ハリウッドから魅力的なオファーが次々と舞い込んだが、それを断ってニューヨークに戻った。するとトラブルが始まった。

当時、ある大富豪が不動産投資で大儲けをしたと聞き、自分もやってみたくなったのだ。不動産について何も知らないのに、自宅を抵当に入れて一等地を買い漁った。私は傲慢になり、安月給で働く人たちを見下した。やがて不動産が暴落し、無一文になった。心配のあまり眠れず、夜中に起きて、疲れるまで外を歩き回ったものだ。

そこで『どん底まで落ちたら上を見るしかない』と考え、『過去の栄光を振り返らず謙虚になって一から出直そう』と誓った。そして、心配する労力を仕事に注ぎ込むうちに状況が好転した。不屈の精神を発揮する日々を経験できたことに今では感謝している」

062

心の持ち方を変える

作家のキャメロン・シップは心配性から立ち直った経験をこう振り返っている。

「かつて私はワーナー・ブラザーズの広報担当者として新聞や雑誌に人気俳優の記事を書いていた。とても楽しい仕事だった。しかし突然、副部長に昇進し、個室を与えられた。自分が大スターたちの命運を握っているような錯覚に陥って緊張した。

その後、胃に痛みを感じるようになった。がんかもしれないと思うと心配で眠れず、有名な内科医に診てもらったが、胃に異常はないという診断だった。その医者は『心配する必要はありませんが、精神安定剤を処方しましょう。でも本当はあなたには薬は必要ないのですよ』と言った。

数週間、その薬を飲んで気分がよくなったが、やがて自分が心配していることが馬鹿らしくなった。『大スターは私がいなくてもやっていけるから、心配する必要はまったくない』と悟って気を楽に持った。その医者に診察してもらったのは一度だけだったが、薬を飲むより心の持ち方を変えるほうが効果的だという指導は正しかったと感謝している」

063

すぐに気持ちを切り替える

オードウェー・ティード氏は、「心配するのは非常に悪い習慣であり、それを克服する方法は三つある」と言っている。彼の言葉を紹介しよう。

❶ 不安に陥らないように、たえず忙しく過ごす。私には三つの仕事があり、そのどれもがフルタイムの仕事のようなものだ。すなわち、コロンビア大学での講義、ニューヨーク市の高等教育委員会の会長、ハーパー・ブラザーズという大手出版社の顧問である。さすがにこれだけ忙しいと心配している暇がない。

❷ すぐに気持ちを切り替える。ひとつの課題から次の課題に移るとき、それまで考えていた問題をすべて心の外に追い出す。そうすると心がすっきりして気分が楽になる。

❸ 職場から一歩出たら、すべての問題を忘れる。毎晩、それを家に持ち帰って心配していたら健康を害するし、問題解決能力を失うことになる。

064 一回に一日ずつ生きる

セールスマンのジョセフ・コッター氏はこう振り返っている。

「私は少年のころからずっと筋金入りの心配性だった。ごくまれに心配事がなかったこともあるが、もしかしたら何かを見落としているのではないかと心配になったほどだ。

そこで二年前、新しい生き方を始めることにした。それには欠点を自己分析する必要があり、自分が心配性である原因が明らかになった。私は今日のことだけでなく昨日のミスを悔やみ、明日起こるかもしれないことを恐れていたのだ。

そんなある日、機関車を見ていると、手前の信号が青に変わったとたん、機関士は発進した。私なら前方のすべての信号が青に変わるまで待っていただろう。もちろんそれは不可能だが、まさに私はそういう生き方をしていることに気づいた。そこで毎朝祈りをささげ、心の中で青信号を確認してその日のスタートを切ることにした。この二年間、毎日、そうやって人生を歩んだおかげで、気分がとても楽になった」

065

人々の幸福に貢献する

ジョン・ロックフェラーは四十三歳のときに石油開発で財を成して億万長者になった。では、その十年後にはどうなったか？　心配のあまり重い胃腸病を患い、瀕死の病人のようになったのだ。医者の診断によると、「極度の神経衰弱」だった。

元々、ロックフェラーは頑健な肉体に恵まれていたが、五十三歳にして働きすぎて心労が重なり、睡眠不足と運動不足がたたって肉体が蝕まれていた。世界屈指の大富豪なのに自分の成功が一時的なものに終わることをたえず心配しながら就寝していたという。これでは健康を害するのも無理はない。

その後、ロックフェラーは「適度な運動、十分な休養、腹八分目の食事」という医者の指示に従い、健康を回復した。引退後、誰からも愛されない生き方を反省し、財団を設立して大学や病院、教会に寄付し、病気と貧困の撲滅や学問の振興に尽力した。

ロックフェラーは私財を投げ出し、人々の幸福のために貢献して心の平安を得た。そのおかげで、五十三歳で死にかけていた男が九十七歳まで健康で長生きした。

066

あせって解決しようとしない

マーケットアナリストのルイス・モンタント氏はこう振り返っている。

「私は心配性のために人生の十年を失った。十八歳から二十八歳という若くて最もいい時期だったが、それは自分のせいだとつくづく思う。仕事や健康、家族、劣等感など、あらゆることを心配した。いつもびくびくして、仕事をしてもうまくいかず、職を転々とした。

ところが八年前のある日、私は心配性を克服することができた。その日の午後、自分が直面したよりずっと多くのトラブルに見舞われた男性のオフィスにいた。彼はとても明るい人物だったが、話を聞くと三回も破産しているらしく、普通の人間なら打ちのめされそうになる出来事でも、彼はいとも簡単に乗り越えてきた。

その秘訣は、心配事の内容を紙に詳しく書いて机の引き出しに二週間ほど入れておき、二週間が経過すると読み返し、まだ心配なら、それをさらに二週間ほど引き出しに入れておくことだという。辛抱強さがあれば、心配事はたいてい消えてなくなる。私はこのやり方が気に入り、それに従った結果、めったに心配しなくなった」

067

暇を持て余さない

現在、公認会計士として活動しているデル・ヒューズ氏は、かつて心配性に苦しめられた日々をこう振り返っている。

「私は軍事訓練の最中に落下し、肋骨を三本折って退役軍人病院に収容された。三か月も入院して人生で最大のショックだったのは、主治医から『まったく回復していない』と言われたことだ。真剣に考えた末、心配しすぎて回復が遅れているように感じた。それまで活動的だったが、ずっとベッドで上を向いて考えていると、ますます心配になり、このまま身体障害者として余生を送ることになるという不安に襲われた。

そんなある日、主治医に頼んで隣の病棟の『カントリークラブ』に参加させてもらい、トランプや絵画、彫刻、読書を楽しんだ。心理学の本もよく読んだ。そこで三か月ほど過ごしたとき、主治医が『驚異的な回復だ』と言ってくれた。こんなに嬉しかったことはない。ベッドで心配するのをやめて趣味に打ち込んだことが好結果を招いたのだ。おかげで今はすこぶる健康で、公私にわたって充実した生活を送っている」

068

ゆったりした気持ちで生きる

ダイレクトメールの広告を制作するポール・サンプソン氏は、こう振り返っている。

「私は半年前まで全速力で生きてきた。いつもせかせかして、まったく落ち着かなかった。毎晩、帰宅すると精神的に疲れていたが、誰も『このままでは死んでしまうから、もっとゆったりした気持ちで生きていけばいい』と言ってくれなかった。

こんな状況だったので、有名な精神科医に診てもらうと、リラックスするように言われた。『リラックスしないなら、自分の首を絞めることになる』と警告された。

それ以来、私はリラクゼーションを実践している。就寝する前にゆったりとした気持ちになり、呼吸を整えるようにしたところ、目覚めがとてもよくなった。それまでは朝起きたときに疲労を感じていたのだが、それがなくなった。

現在、私がリラックスできる最も大切な場所は職場である。一日に数回、活動を停止して完全にリラックスするようにしている。その結果、精神的な疲労や心配事から解放され、人生が楽しくなった」

069

しなければならないことはすぐにする

アラバマ州モバイル郡の保安官代理を務めるキャサリン・ファーマー氏は、苦悩にあえいでいた日々をこう振り返っている。

「三か月前、私は心配のあまり四日間眠れなかった。この苦悩は言葉では表現できない。まるで生き地獄のように感じ、こんな状態ではもう生きていけないと思ったほどだ。

人生の転機となったのは、この本の見本刷りを刊行前に読んだことだった。三か月間、著者のアドバイスに従ったことで心の持ち方が変わり、精神的に安定してきた。

現在、私は今日の戦いに耐えることができる。以前は昨日の問題を引きずり、明日の不安におびえていた。

この本から学んだ最大の秘訣は、今日しなければならないことにすぐに取りかかり、それをさっさとやり終えて、すっきりすることだと思う。また、起こりうる最悪の状況は何かと自問し、それを改善するためにできることをし、改善できないことは受け入れるしかないことを学んだ。私はそれを実行して心の重荷を取り払った」

070

けっしてギャンブルをしない

心配性の一因となるのがギャンブルだ。私はかねがね、競馬やスロットマシンに賭けてお金を儲けようとする人たちが大勢いることに驚いている。ある男性は数台のスロットマシンを所有して生計を立てているが、「博打の胴元が勝つようにつくられているマシンを打ち負かそうとする愚か者たちを軽蔑している」と言っている。

私はまた、有名な競馬の予想屋を知っている。彼は私の成人教育の受講生で、「どんなに競馬を研究しても勝つことはできない」と断言している。ところが、愚か者たちは競馬に年間総額六十億ドルもつぎ込んでいるのが現状だ。この予想屋は「敵を破滅に追い込みたいなら、競馬をやらせるのが最も効果的だ」と皮肉っている。

どうしてもギャンブルをしたいなら、勝てる可能性はどれくらいあるかを見きわめよう。オズワルド・ジャコビーという一流の数学者が、競馬やスロット、ルーレット、ポーカー、ブリッジなどで勝てる確率はごくわずかしかないことを証明している。あなたがそれを知れば、頑張って働いたお金をギャンブルにつぎ込む愚か者たちを哀れみたくなるだろう。

071

歴史書を読んで自分の問題が些細なものであることを学ぶ

有名な経済学者ロジャー・バブソンは心配性を克服する方法をこう説明している。「私は自分の置かれている状況についてうつ状態に陥ると、一時間以内にそれを克服して楽観的になるすべを身につけている。そのやり方はこうだ。

書斎に入って歴史書の書棚からランダムに本を手に取り一時間精読する。読めば読むほど、人類の歴史が苦悩の連続であり、文明世界が常に激動の時代を経験してきたことがわかる。世界史はどの局面をとっても、戦争や飢饉、貧困、疫病などの残酷なエピソードであふれている。一時間、歴史書を読むと、自分の置かれている状況がどんなにひどくても、大昔よりはずっといいことに気づく。そして、それによって現在の悩みを直視すると同時に、世の中がどんどんよくなっているという楽観的な認識を持つことができる」

なるほど、歴史書を読んで学ぼう。一万年という広い視野に立って物事を眺めれば、自分の抱えている問題が無限の時間の中ではいかに些細であるかがよくわかる。

田舎の少年が劣等感を克服した方法

劣等感を克服した方法について、エルマー・トーマス上院議員はこう語っている。

「私は十五歳のとき劣等感に悩まされた。やせ細っていて体が弱く、運動が苦手だったからだ。他の少年たちによくからかわれた。毎日、自分の貧弱な体型について悩んだ。母はそれを察して『頭脳労働で生計を立てなさい』と言ったが、我が家は貧しかったので、近くの森で狩りをして学費を稼いで大学に進学した。だが、いつもボロボロの服装だったので他の学生たちに笑われ、部屋にこもって勉強した。

私が自信を持つようになったきっかけは、試験に合格して小学校で教える資格を得たことだ。自分のお金で新しい服を買って人並みの服装をすることができたのも自信になった。人生の転機になったのは、弁論大会で優勝して新聞に載ったことだった。かつて私をからかった少年たちは、私をたたえてくれた。自分の能力に目覚めたことは、大きな自信につながった。劣等感を克服しなかったら、人生の敗残者になっていたかもしれない」

興味深いことに、トーマス議員は上院ベストドレッサーに選出されている。

073 心配性を克服する五つの方法

心配性を克服する方法について、イェール大学のウィリアム・フェルプス教授はこう語っている。

❶ 情熱を燃やして日々を過ごす。今日を精一杯生きると爽快な気分になる。

❷ 興味深い本を読む。偉人伝を読みながら波乱万丈の生涯を想像しているうちに、自分がうつ状態に陥っていることなどはどうでもいいと思えるようになる。

❸ 体を動かす。ひどく落ち込んだら、体を動かして風呂に入り、食事を楽しむ。テニスやゴルフ、ダンスをして汗をかくと気分がすっきりする。

❹ リラックスして働く。あくせく働いて神経をすり減らすのは無益だから、気を楽にして働いたほうがいい。

❺ 時間と忍耐力は問題解決に役立つ。「二か月後にはこの問題について心配していないはずだから、今、そんなことを心配しても仕方ない」と自分に言い聞かせると気分が落ち着く。

074

過去を悲しまず、未来のことを思い煩わない

さまざまな苦難を乗り越えてきたことについて、ジャーナリストのドロシー・ディックス氏はこう振り返っている。

「私は極貧と大病にあえいできた。どうやって苦難を乗り越えてきたかと聞かれると、『昨日を乗り越えてきたのだから、今日を乗り越えることもできる。明日何が起こるかは考えない』と答えることにしている。

私は不安と絶望を経験してきた。いつも限界を超える猛烈な努力をしなければならなかった。自分の人生を振り返ると、破れた夢や壊れた希望が散乱している戦場のように見える。私はその戦場でずたずたにされてきたが、自分を哀れまず、過去について涙を流さず、恵まれた女性を羨まない。壮絶な人生を歩んだおかげで、彼女たちが知らないことを知っているし、涙できれいに洗われた目で世の中を見通すことができる。

私は苦しい日々を生き抜いてユーモアのセンスを身につけた。トラブルに悲鳴を上げるのではなく笑い飛ばすことができれば、何も怖いものはない」

075 運動をする

心配性を克服する方法について、弁護士のエディー・イーガン氏はこう語っている。

「何かを心配して気持ちがふさいだら、運動をすると気分が晴れるように思う。ハイキングに出かけたり、三十分ほどサンドバッグを叩いたり、ジムでスカッシュをしたりすると、精神衛生上とてもいい。週末にはゴルフをしたりスキーをしたりして気分転換をはかることも効果的だ。

肉体的に疲れることによって、仕事の問題から離れて頭を休めることができるので、仕事に戻ったときに新しい活力がみなぎる。精神的に大きな問題を抱えていても、運動をすると些細なことに思えてきて、前向きな姿勢になることができる。

結局、心配事があるときは運動をするのが一番だと思う。心配しているときは筋肉をより多く使い、頭をより少なく使うと、驚異的な効果が得られる。私の経験では、運動をすると心配事が消えてしまう」

076

苦しい経験から這い上がる

心配性を克服する方法について、セールスマンのテッド・エリクセン氏はこう語る。
「私は根っからの心配性だったが、今は違う。数年前の夏、心配性を克服したからだ。かねてから夏場にアラスカで漁船に乗って働きたかったので、三人乗りの漁船に乗り込む契約をしたのだが、いざやってみると、想像を絶する過酷な労働だった。昼夜を分かたず一日に二十時間も働いた。潮の流れに合わせて網を引っ張るのは本当にきつかった。全身が痛くて非常に辛かった。休憩する時間ができたときは、長椅子の上に湿ったマットレスを敷いて寝た。もちろん心地よくなかった。

しかし、極度の苦痛と疲労に耐えたおかげで心配性が治って喜んでいる。今では、困った問題に直面すると、『あの漁船での体験より辛いか？』と自問し、『もちろんそんなことはない』と答え、勇気を出して問題に立ち向かうようにしている。

ときおり苦難を経験するのはいいことだと思う。それを乗り越えたという自信があれば、日常生活で直面する問題は些細なことに見えるからだ」

077

その日のことだけを考える

心配性を克服する方法について、ウィリアム・ウッド牧師はこう語っている。

「数年前、胃に強烈な痛みを覚えた。痛みが強くて、夜中に目を覚ました。父を胃がんで亡くしているので、自分も胃がんになると思った。そこで病院に行って検査をしたところ、胃の痛みは精神的要因によるものだと診断された。

私は教会のさまざまな仕事の重荷を背負っていた。常にプレッシャーを感じながら働いていて、あらゆることについて心配するようになった。そこで医者の忠告に従って月曜日を休みにし、仕事を減らすことにした。

ある日、妻が洗ってくれた皿を拭きながら、楽しそうに歌を口ずさんでいることに気づいた。そのとき、『もし妻が十八年前に結婚した時点で将来洗わなければならない皿の枚数を数えたらノイローゼになったはずだが、その日の皿だけを洗うので気にならないのだ』と思った。私もそれにならい、その日のことだけを考え、前日や翌日のことについて思い煩うのをやめることにした。その結果、気分が楽になり、胃の痛みも治まった」

078

お金の使い方を学ぶ

ある婦人雑誌によると、人々の心配の七割までがお金に関することだという。統計学者のジョージ・ギャラップ博士は「大多数の人は収入がたった一割増えればお金の心配がなくなると思い込んでいる」と指摘している。たしかにそういうこともあるが、そうでない場合のほうが圧倒的に多い。

予算のエキスパートであるエルシー・ステープルトン氏に話を聞いた。彼女はファイナンシャルアドバイザーとして貧困層から富裕層までさまざまな階層の人たちの財務の世話を長年にわたってしてきた。

彼女はこう断言している。

「お金がより多くあっても、ほとんどの人は経済不安を解消することができません。実際、収入が増えても支出が増えるだけで、頭痛の種が増えるケースをたくさん見てきました。ほとんどの人の心配の原因は、お金を十分に持っていないことではなく、お金の使い方を知らないことです」

079

節約を心がける

私がお金の心配をしない方法を紹介することに対して、多くの読者は「安月給で生活したことがないから、そんな偉そうなことが言えるのだ」と反発するに違いない。だが、私自身、経済不安を抱えて生きてきた。農場で一日に十時間も重労働をして疲労困憊したものだが、一日の賃金は一ドルどころか、たった五セントだった。浴室も水道もない家で二十年も暮らすことがどういうことか、私はよく知っている。零下十五度の寝室で眠ることがどういうことかも知っている。五セントの交通費を節約するために靴の底に穴が開くまで歩き続けることがどういうことかも知っている。

ところが、そんなときでも私は収入の中からわずかなお金を貯めるように工夫した。この経験の結果、経済不安を避けたいなら、企業がコストカットをしているのと同じように予算を組んで節約を心がけなければならないことに気づいた。

080

自分のお金の使い方をよく考える

ふだん世話になっている出版社のレオン・シムキン部長は、「不思議なことに、あまりにも多くの人が自分のお金に関してデタラメなことをしやすい」と指摘し、「ある経理担当者は会社のお金に関してはきちんと管理できるのに、自分のお金に関してはとてもいい加減だ」と言った。その経理担当者は家賃や光熱費などのことを考えず、給料をもらうとすぐに衝動買いをするのだそうだ。もし会社がこんなふうに無分別なお金の使い方をしたら、すぐに倒産してしまうだろう。

自分のお金に関しては、自分で事業を営んでいるようなものだ。つまり、自分のお金の使い方を決めるのは、あなたの仕事なのである。

081

事実を紙に書きとめる

アーノルド・ベネットが半世紀前にロンドンで小説家になったとき、貧しくて生活に困窮していた。そこで彼は六ペンスごとに自分のお金の使い道を記録することにした。このやり方がたいへん気に入ったので、彼はのちに巨万の富を築いて世界的に名を知られるようになってからも帳簿をつけた。

大富豪のジョン・ロックフェラーも帳簿をつけていた。彼は夜の祈りの前に自分のお金の使い道を細かくチェックしていた。

どうやら私たちも帳簿をつける必要がありそうだ。家計の専門家たちは「少なくとも一か月、できれば三か月はすべての支出を正確に把握すべきだ」と主張している。

あなたは自分のお金がどこに消えているかくらい把握していると反論するだろう。たぶんそうかもしれないが、もしそうなら稀有な節約家である。何時間もかけて事実を紙に書きとめると、「ふだん自分はこんなことにお金を使っているのか」と驚くはずだ。

III　すすんで人々に奉仕する

082

人々の役に立って人生を謳歌する

シアトルのフランク・ループ博士は二十年以上も痛風で病床に伏していた。ところが、地元紙の記者は「ループ博士は私が出会った中で最も利他的な精神を持ち、人生を謳歌している」と称賛している。

寝たきりの病人がどうやって人生を謳歌するのだろうか？　自分を哀れんで不平を言いながら人々の世話になることによって人生を謳歌するのか、前向きな姿勢で人々の役に立つことによって人生を謳歌するのか、どちらだろうか？

彼は他の病人たちの名前と住所を調べ、元気づける手紙を送って応援した。病人たちを励ます手紙を書くクラブを設立し、お互いに手紙のやりとりをし、それを全国組織にまで発展させた。彼はベッドで横になりながら年間千四百通の手紙を書いた。

ループ博士と他の大勢の人の違いは何か？　使命感に燃えて崇高な目的のために尽力することに喜びを感じるかどうかである。

083

自分の力を発揮して社会に貢献する

人々に喜びを与えることについて、ノーベル賞作家のバーナード・ショーはこう言っている。

「社会が自分を幸せにしてくれないことを嘆く自己中心的な愚か者ではなく、自分の力を発揮して社会に貢献する人間になることが、人生の本当の目的である。私は世の中の役に立つことを使命とし、生きているかぎり全力を尽くすことが自分の責務だと確信している。私は死を迎えるときに自分の能力を使い切りたい。なぜなら、より努力すればするほど、よりよく生きることができると考えているからだ。私にとって、人生とは短いロウソクではなく、光り輝くたいまつのようなもので、未来の世代に手渡すまでそれをできるかぎり明るく灯し続けたい」

084

周囲の人に喜びをもたらす

オーストリアの偉大な精神医学者アルフレッド・アドラーはうつ病の患者について驚くべきことを言っている。「毎日、周囲の人を喜ばせる方法を考えるようにすれば、うつ病は二週間で治る」というのだ。

自分の世界に閉じこもって自分のことばかり考えているのは精神衛生上よくない。宗教の最も重要な教えは「隣人を愛しなさい」である。周囲の人のことを考えない人が、人生で最も大きな困難を経験する。

アドラーは「常に善行を施すことが大切だ」と言っている。では、「善行」とは何か？それは周囲の人に喜びをもたらすことである。

なぜ、いつも善行を施すことが自分に良好な作用をおよぼすのか？　周囲の人に喜びをもたらそうと努めると、自分のことばかり考えるのをやめることができるからだ。そうすれば、心配を取り除き、うつ病を克服することができる。

085

人々への奉仕が人生の喜びとなる

ケンブリッジ大学の古典学者アルフレッド・ハウスマン教授はこう言っている。

「自分のことばかり考えている人は、人生で多くのものを得ず、みじめな人生を送ることになる。一方、人々に奉仕するために自分のことを忘れる人は、人生の喜びを見つけることができる」

086

人々のために尽くす

アメリカを代表する無神論者セオドア・ドライサーは「すべての宗教はまるでおとぎ話だ」と言っているが、彼はイエス・キリストが説いたように、人々のために尽くすことを提唱している。

ドライサーはこう言っている。

「人生の喜びを得たいなら、自分だけでなく他人のためにも世の中をよくする計画を立てる必要がある。なぜなら、人間にとって、喜びとはみんなで分かち合うものだからだ」

人々と喜びを分かち合うために世の中をよくしたいなら、すぐにその思いを実行に移そう。時間は刻々と過ぎていく。この瞬間は一回きりだから、ぐずぐずしてはいけない。

心配事をなくして心の平和を得たいなら、自分のことをしばらく忘れて人々の役に立つ方法を考えよう。

087

恵まれない人のために尽くす

ある若い女性は夫を亡くし、悲しみに暮れていた。

「数年来、私はクリスマスを一人で過ごしたことはなく、友達からクリスマスを一緒に過ごそうという誘いがありましたが、そんな気にはなれませんでした。会社の帰りに憂うつな気分が晴れるかもしれないと思ってニューヨークの雑踏の中を歩きましたが、幸せそうなカップルをたくさん見かけて、ますますみじめになりました。

夜になって教会の前を通りかかったとき、『きよしこの夜』の音楽が聞こえてきたので中に入ると、二人の孤児がいました。私は自分より厳しい境遇にいる子供たちのために尽くそうと思って食事に連れていき、プレゼントを贈りました。すると、私の孤独は魔法のように消え、幸せな気分になりました。

この経験から、自分が幸せになるためには他人を幸せにする必要があることを学びました。他人を助けて愛情を注ぐことによって心配性を克服し、悲しみから立ち直って心機一転することができました。その気持ちは今でも変わりません」

088

誠実な気持ちで他者に関心を示す

日々の暮らしがどんなに単調でも、いつもどこかで誰かに出くわしているはずだ。あなたはその人たちにどう接しているだろうか？　単に見ているだけか、彼らが何に興味があるかを見きわめようとしているか、どちらだろうか？　彼らの話を誠実な気持ちで聞いているだろうか？

あなたは自分を取り巻く世界をよりよくすることができる。そのためには、出くわす人に親切に接すればいい。さっそく明日から始めよう。

そうすることによって、どんな恩恵を得ることができるか？　それは大きな幸福感と満足感である。つまり、他者への善行は義務感からすることではなく、自分が喜びを得て幸せな気分にひたるためにするのだ。ベンジャミン・フランクリンはそれについて、「他者に善行を施すと、自分に大きな幸せをもたらすことができる」と表現している。

089

相手の話に耳を傾ける

もしあなたが男性なら、たぶんこの話には興味がないだろうから読む必要はない。心配性で不幸だった若い女性が数人の男性からプロポーズされたという話である。その女性は今では孫がいる。数年前、私は彼女が夫と暮らしている家を訪れた。

「私の少女時代の悲劇は、実家がとても貧しかったことです。いつもみじめな気分でいっぱいで、ベッドの中でよく泣いていました。

そんなある日、私はデートのときに相手の男性に『将来の計画や考え方を話してほしい』と頼むことにしました。といっても相手の答えに興味があったからではなく、相手が私の貧しそうな身なりに注目しないようにするためでした。

しかし不思議なことに、私は男性たちが話す内容に興味を持つようになり、自分の身なりのことを忘れることがよくありました。驚いたことに、男性たちの話を聞いてあげると彼らは気分をよくし、そのおかげで私は徐々に人気者になって三人の男性からプロポーズされたのです」

090

いつも相手を気づかう

相手を気づかうと自分について心配するのをやめられるだけでなく、友達をつくって楽しく過ごすことができる。イェール大学のウィリアム・フェルプス教授はこう言っている。たとえば、
「私は理髪店や飲食店に行くと、そこで働いている人たちを気づかうようにしている。理髪店の主人に『長時間立っていて疲れませんか？』『今まで何人ぐらいの頭を刈りましたか？』と質問するのだ。誠実な気持ちで興味を示すと、相手は喜んで話してくれる。ある晴れた夏の日、食堂車でウェイターに『厨房は暑くてたいへんですね』と言うと、彼は『どの客も早く料理を持ってこいとか値段が高いと文句を言うので、うんざりしています。こんなふうにお客さんに気づかってもらったのは初めてです』と喜んでくれた。私は彼の笑顔を見て、とても幸せな気分になった」

いつも相手を気づかっている人が自分のことを心配して精神科医に助けを求めるだろうか？　もちろん、そんなことはない。相手への気づかいは相手だけでなく自分自身をも幸せにすることができるのだ。

091

感謝の気持ちを持つ

イギリスの批評家サミュエル・ジョンソンは「感謝の気持ちは素晴らしい教養の産物であり、低俗な人たちにそれを見いだすことはできない」と言っている。

だから普通の人にそれを期待すると失望することになるかもしれない。ほとんどの人は基本的に恩知らずで薄情なのだと思っておけば間違いない。

092

恩知らずな人が多いという現実を知る

誰かの命を救ったなら、あなたはその人が感謝してくれることを期待するだろう。だが、依頼人に死刑判決がくだされないように尽力し、合計七十八人もの罪人たちの命を救ったサミュエル・ライボウィッツ弁護士によると、そのうちの誰からも感謝の手紙を受け取ったことがないという。

命を救っても感謝されないのだから、他のトラブルから救って感謝されるはずがない。たしかにしばらくのあいだは感謝するかもしれないが、時間が経過したら知らん顔をする人があまりにも多いというのが実態である。

093

人間の欲には限りがない

百万ドルを遺産として親族に与えたら、その人は感謝するだろうか？

世界屈指の大富豪として知られる実業家アンドリュー・カーネギーを例にとって検証してみよう。

彼は百万ドルを遺産として親族の男性に与えた。だが、もし生き返って、自分がその男性に罵倒されていることを知ったら衝撃を受けるに違いない。その男性は「生前、あのじいさんは三億ドル余りを慈善団体に寄付したのに、親族である自分にはたった百万ドルしか残してくれなかった」と世間に吹聴して故人をあからさまに非難したのである。

ああ、これが人間というものなのだ。人間の本性は今までもそうだったし、これからもそうだろう。少なくともあなたが生きているあいだは人間の本性は変わりそうにないから、それを受け入れるしかない。

094

感謝されることを期待しない

古代ローマの五賢帝の一人、マルクス・アウレリウスのように現実を直視して達観しよう。彼は『自省録』の中でこう記している。

「今日、これから自分の利益のみを追求するために熱弁を振るう恩知らずな連中と面会することになる。だが、驚いたり戸惑ったりするほどのことではない。なぜなら、そういうさもしい人間がいない世の中など想像もつかないからだ」

そのとおりだ。恩知らずな人について不平を言うなら、非難されるべきなのは誰だろうか？　人間の本性をあらわにしている相手か、人間の本性を知らない自分か？

相手に感謝されることを期待してはいけない。ときおり誰かに感謝されたら、驚いて喜べばいいし、たとえ誰も感謝してくれなくても、驚いたり戸惑ったりする必要はまったくない。

結局のところ、人間は感謝することを忘れてしまいやすいのだ。だから他人に感謝されることを期待していると、たびたび失望を味わうはめになる。

095

見返りを期待せずに与える

ある女性は孤独ゆえにたえず不平を言っている。親戚の者は誰も近寄りたがらない。姪っ子たちが訪れると、その女性は彼女たちが子供のころにしてやったことを延々と話す。看病してやった、泊めてやった、食事を用意してやった、などなど。

姪っ子たちはたまに顔を出すのだが、義務感から訪問しているだけだ。この女性が求めているのは姪っ子たちの感謝なのだが、それを強要するので何も得ることができない。

このような人はいくらでもいる。彼らはいつも孤独にさいなまれている。愛されたいのに愛されないからだ。

しかし、愛されるための唯一の方法は、愛情を求めるのをやめて、見返りを期待せずに相手に愛情を注ぐことである。

私の両親はまさにそういう人たちだった。非常に貧しかったが、人助けが大好きで、毎年、なけなしのお金を孤児院に寄付していた。それに対する見返りはなかったが、恵まれない子供たちの一助になっているという喜びが見返りだった。

096

子供を恩知らずな人間に育ててはいけない

大昔から親は恩知らずな子供に悩んできた。シェイクスピアの戯曲に登場するリア王は、「恩知らずな子供を持つことは毒蛇に嚙まれるよりも辛い」と嘆いている。

親が子供に感謝の気持ちの大切さを教え込まなければ、恩知らずな子供に育ってしまうだろう。子供が恩知らずな人間になってしまうのは、ほったらかしにしておいた庭に雑草が生い茂るようなものだ。一方、感謝の気持ちはバラのようなもので、水と肥料と愛情をふんだんに与えて大切に育てなければならない。

もし我が子が恩知らずな人間に育ったなら、それはいったい誰の責任なのか？　たぶん親である。親がしっかりとしつけなかったから、そうなってしまうのだ。

097

恩義を感じることを子供に教え込む

二人の恩知らずな継子（ままこ）を持つ男性がいた。彼は工場で低賃金労働に従事していて、寡婦（かふ）と結婚した。彼女は子供たちの大学の学費を銀行から借りるよう夫を説き伏せ、彼は四年間にわたって継子たちの生活費をせっせと稼ぎながら借金を返済した。

だが、彼はまったく感謝されなかった。妻はそれを当然のこととみなし、彼女の息子たちも同じ考え方だったからだ。彼らは継父（ままちち）に世話になったとは思わなかった。

これは誰の責任だろうか？　彼女の息子たちか？　そのとおりだが、もっと悪いのは母親である。彼女は息子たちが継父に恩義を感じると精神的負担になると考え、「ハンディキャップ」を背負わないようにしたのだ。そこで彼女は「継父は頑張って働いて大学に行かせてくれた恩人だ」とは言わず、「それは継父としての最低限の義務だ」と言った。

彼女は息子たちのためを思ってそう言ったのだが、実際には「貧しい者がお金をもらうのは当然の権利だ」という「危険思想」を教え込んだことになる。その後、息子たちの一人が勤務先の会社からお金を横領して逮捕された。

098

子供は親を映し出す鏡

私たちは「子は親の鏡」ということわざを肝に銘じなければならない。たとえば、私の叔母は、恩知らずな子供について不平を言う必要がなかった。私が子供のころ、叔母は自分の母親を引き取り、愛情深く世話をし、夫の母親に対しても同じことをした。目を閉じると、二人の老女が叔母の家の暖炉の前で仲よく過ごしていた姿が思い浮かぶ。

現在、叔母は未亡人だが、五人の独立した子供がそれぞれの家に呼んで世話をしたがっている。それは母親への感謝の気持ちというより無償の愛である。子供たちは母親の愛情を得て育ったので、今は立場が逆転して母親に愛情を注ぐことに喜びを感じているのだ。

099

感謝の気持ちを子供に教える方法

「小さな水差しは大きな耳を持っている」ということわざを肝に銘じよう。子供の前で内緒話をすると、子供はそれをしっかり聞いているものだ。

だから、もし子供の前で他人の親切心をけなしそうになったら、その衝動を抑えよう。「なんだ、こんなつまらない物を贈ってきて。自分で編んだから元手いらずじゃないか」などと言ってはいけない。それは親にとっては些細な小言かもしれないが、子供はそれを聞いている。

そこで、「これは心のこもった素晴らしい贈り物だ。何時間もかけて編んでくれたに違いない。さっそくお礼状を書こう」と言おう。そうすれば、子供は称賛と感謝の習慣を自然に身につけることができる。

Ⅳ 心の持ち方を変える

100

自分が恵まれていることに気づく

私の講演会のマネージャーを務めるハロルド・アボット氏が、こんな印象深い話をしてくれた。

「かつて私はたいへんな心配性でしたが、ある日、生き方についてそれまでの十年間で学んだよりも多くのことをたった十秒で学びました。当時、大恐慌で貯金をすべて失っただけでなく、莫大な借金を背負うはめになりました。経営していた食料品店が倒産して生きる希望を失い、とぼとぼと道を歩いていました。

すると突然、松葉杖をついて歩いている両足が義足の男性に出くわしたのです。彼は私を見るなり、明るい笑顔で微笑みかけました。その様子を見て、自分がとても恵まれていることに気づきました。

その瞬間、私は自分を哀れんで悲しみに打ちひしがれているのが恥ずかしくなり、元気を出して仕事を見つけ、一から出直す決意をしました」

101

飲み水と食料があれば不平を言うべきではない

アメリカ空軍の元飛行士で実業家のエディー・リッケンバッカー氏は、戦争中に撃墜されて一人で太平洋を三週間も漂流した経験の持ち主である。

以前、彼に「その経験からどんな教訓を学んだか？」と質問したところ、こんな答えが返ってきた。

「私が学んだのは、十分な飲み水と食料があれば、なんら不平を言うべきではないということだ」

102

うまくいっている九割に意識を向ける

少し立ち止まって「自分は何について心配しているのか？」と自問してみよう。たぶんそれはどちらかというと些細なことだと気づくはずである。

たいていの場合、私たちの人生の約九割はうまくいっていて、約一割はうまくいっていない。だからもし幸せな気分にひたりたいなら、うまくいっている九割に意識を向け、うまくいっていない一割を無視すればいい。しかし、たえず心配をして胃潰瘍を患いたいなら、うまくいっていない一割に意識を向け、うまくいっている九割を無視すればいいということになる。

103

ふだん得ている恩恵を思い浮かべる

イギリス国教会の表玄関には「ふだん得ている恩恵を思い浮かべて感謝しよう」という標語が刻印されている。この標語は私たちの心の中にも刻印されるべきだ。

ふだんの生活の中で感謝すべきことをすべて思い浮かべ、自分がその恩恵を得ていることに感謝しよう。

104

明朗快活な態度が健康をもたらす

『ガリバー旅行記』の作者として知られるジョナサン・スウィフトは、英文学史上で最も筋金入りの悲観主義者だった。なにしろ、自分がこの世に生を受けたことを悲しむあまり、毎年の誕生日に黒い服を着て断食をしたという逸話の持ち主である。

しかし、彼は深い絶望の中で明朗快活な態度が健康をもたらすことを発見した。「この世で最高の医者は健康的な食生活と明朗快活な態度である」という言葉を残している。

私たちも常に明朗快活な態度を心がければ、計り知れない恩恵をいつでも無料で享受することができる。

105

この世で最大の悲劇とは？

ドイツの哲学者ショーペンハウエルがいみじくも指摘しているように、人間は自分が持っているものについてはめったに考えず、持っていないものについてたえず考えてしまいやすい。

しかし、この傾向こそが世の中で最大の悲劇になる。実際、これは人類の歴史におけるすべての戦争と病気よりも、多くのみじめな人生の原因になってきたといっても過言ではない。

106

問題の数ではなく恩恵の数を数える

ジョン・パーマー氏は心配性のために家庭生活を台無しにするところだった。

「私は戦争から復帰した直後に事業を起こして昼も夜も働きました。当初、仕事は順調でしたが、突然、部品を調達できなくなったため、事業を断念せざるをえなくなるのではないかと心配になり、いつもぶつぶつ言って不機嫌な態度をとりました。

そんなとき退役軍人の友人からこう言われました。

『問題を抱えて生きているのは君だけではない。事業がうまくいかないなら、しばらく休んで、状況が改善したら再開すればいいじゃないか。君は感謝すべきことがたくさんあるのに、不平ばかり言っている。私を見たまえ。腕が一本しかなく、顔の半分を負傷しているが、けっして不平を言わないようにしている。いつもそんなふうに不平を言っていると、事業だけでなく健康や家庭、友人も失うことになるよ』

私はそれを聞いて自分がとても恵まれていることに気づき、心を入れ替えて態度を改めることにしました」

107

あらゆる物事の最もいい部分を見る

二百年前、イギリスの文学者サミュエル・ジョンソン博士は「あらゆる物事の最もいい部分を見る習慣には計り知れない価値がある」と言った。

とはいえ、ジョンソン博士は最初から恵まれた人生を送っていたわけではない。彼は二十年にわたって不安と貧困と空腹を経験した後、ついに「文壇の大御所」と呼ばれるようになった人物である。

108

人生でめざすべきこと

批評家のローガン・スミスはこう言っている。

「人生でめざすべきことはふたつある。まず、ほしいものを手に入れ、次にそれを存分に楽しむことだ。ふたつ目の目標を達成できるのは非常に利口な人だけだ」

けだし名言である。

109

目が見えることに喜びを感じよう

キッチンで皿を洗うことをワクワクする経験にする方法を知りたいなら、ボーグヒルド・ダールという学者が本の中でその方法を紹介しているから参考にするといい。半世紀間、彼女は目がほとんど見えなかった。片目がかろうじて見えていた程度で、本を読むときは目をこらさなければよく見えなかった。

しかし、彼女は同情されるのを拒んだ。勉学に励んでコロンビア大学で文学の修士号を取った後、複数の大学で教鞭をとったが、心の中では常に失明を恐れていた。

その後、有名なメイヨー・クリニックで手術を受けたところ、奇跡が起きた。目が見えるようになったのだ。突如として、ワクワクするような美しい世界が目の前に広がった。キッチンで皿を洗っていると、石鹸の泡が小さな虹に見えて皿を洗うのが楽しくなり、喜びを与えてくれたことを神に感謝した。

私たちは大いに反省するべきだろう。毎日、こんな美しい世界に生きていながら、それが見えていないので感動を味わうことができないのはとても残念なことである。

110

前向きに生きる

数年前、私がコロンビア大学の大学院で短編の書き方を勉強していたとき、教室でルシール・ブレイクという女性と知り合い、こんな話を聞いた。

「かつて私はあわただしい生活を送っていました。大学で勉強するかたわら、夜はよくパーティに行って楽しんでいました。

ところがある朝、私は倒れてしまい、医者に『一年ほど休養をとってベッドで寝ていなさい』と言われました。死ぬのではないかと不安になって泣きました。しかし、知人が見舞いに来て、『あなたは一年間ベッドで過ごすことが悲劇だと思っているが、自分を見つめる機会だし、精神的に成長することができる』と言ってくれました。私はなるほどと思い、前向きに生きる決意をしました。愛する娘がいること、読書する時間があること、好きな音楽を聴けること、おいしいものを食べられること、よい友人に恵まれていることに感謝して過ごしました。それ以来、私はすっかり元気を取り戻しました。一年間ベッドで過ごしたことは、私にとって最も貴重な経験でした」

III

敵を憎まない

敵を憎むと敵に支配されることになる。敵の支配力は私たちの睡眠、食欲、血圧、健康、幸福にまでおよぶ。

敵は私たちが苦しんでいることを知ると、復讐が功を奏したことに喜びを感じるに違いない。私たちがいくら憎しみを抱いても敵は痛くも痒くもなく、自分が寝ても覚めても腹が立って仕方がないだけである。

112

復讐は有害無益だ

「利己的な人にだまされても、復讐を誓うのではなく、そんな人のことはさっさと忘れてしまおう。復讐を企てると、相手より自分が苦しい目にあうだけだ」

単なる理想論を振り回しているだけのように見えるかもしれないが、これはミルウォーキーの警察署の告示に書かれていたメッセージである。

実際、誰かに復讐しようとすると、いろいろな意味で苦しい目にあう。「ライフ」誌によると、健康を害することすらあるという。同誌の記事にはこう書かれている。

「高血圧の人の主な特徴は、怒りっぽいことである。いつも腹を立てていると、やがて慢性的な高血圧症になり、心臓病を引き起こしやすい」

イエス・キリストが「敵を愛しなさい」と言ったのは、人の道を説くためだけでなく、健康増進に役立つ教えを説くという意図があったからかもしれない。きっとイエスは高血圧や心臓病、胃潰瘍を含む多くの病気を予防する方法を民衆に教えようとしたのだろう。

113

愛に満ちた心はよい表情をつくる

イエス・キリストが「敵を愛しなさい」と言ったのには、もしかすると外見をよくする方法を民衆に教えるという意図もあったのかもしれない。

憎しみのために険しい表情になっていたり、恨みのために顔がゆがんだりしている人は誰の周りにもいるはずだ。外見をよくして魅力的になるために美容に励んだところで、許しや優しさ、愛に満ちた心を持つことの半分の効果も得られない。

敵は相手の容貌がどんどん醜くなっていくのを見て、さぞかし満足そうな表情を浮かべるに違いない。

114

自分を大切にする

たとえ敵を愛することができなくても、少なくとも自分を愛そう。敵に感情を支配されないように自分を大切にするのだ。そうすれば、敵に対する復讐心のために不幸な思いをして健康を害するのを防ぐことができる。
かのシェイクスピアはこう言っている。

敵に復讐の炎を燃やしてはいけない。
自分が火傷を負ってしまうだけだから。

115

憎しみを捨てる

憎しみは食事の楽しみすら台無しにする。当然だろう。誰かを憎みながら食事をしても楽しい気分になれるはずがない。

聖書にはこう書かれている。

「憎しみに満ちた環境で贅沢な肉料理を食べるくらいなら、愛に満ちた環境で質素な野菜料理を食べるほうがよい」

116

謙虚さは成果をもたらす

スウェーデン在住の男性から手紙が届いた。彼は戦火を逃れるためにオーストリアからスウェーデンに移住した。数か国語を話せたので、商社の駐在員になるために就職活動をしたが、どの会社からも断られた。ある会社からは「当社は駐在員の募集をしていないし、たとえ募集しても、でたらめなスウェーデン語しか書けないような人物を雇うつもりはない」と書かれた手紙が届いた。

彼はそれを読んで激怒し、すぐさま反論の手紙を書いた。だが、しばらくして冷静さを取り戻し、「たしかに自分のスウェーデン語はまだ不十分だ。それを指摘してくれたことに対して感謝の手紙を書こう」と思い立った。

そこで、彼は自分が書いた手紙を破り捨て、「先日は間違いをご指摘いただき、ありがとうございました。これを機にスウェーデン語をもっと勉強します」と書いた手紙を先方に送った。すると数日後に面会の通知が届き、会社に出向いたところ就職することができた。謙虚さが成果につながることを、彼は身をもって学んだのである。

117
敵を許して忘れる

私たちは敵を愛するほどの聖者にはなれないかもしれないが、少なくとも自分の健康と幸福のために敵を許して忘れてしまおう。これは素晴らしい方法だ。

孔子はこう言っている。

「たとえ不当な扱いを受けても、忘れてしまえば、なんということはない」

では、アイゼンハワー将軍はどうだったか？

彼の息子に「あなたの父親は誰かを恨むようなことはあるか？」と尋ねたところ、こんな答えが返ってきた。

「私の父は好きではない人のことを考えて一分たりとも時間を無駄にするような人物ではありません」

118

誰に対しても敵意を抱かない

「怒らない人は賢者だ」という古い格言がある。

ウィリアム・ゲイナー元ニューヨーク市長はそういう方針を貫いた。彼は新聞で酷評されただけでなく、狂人に撃たれて瀕死の重傷を負ったが、病院のベッドで横になりながら「私はすべてのこととすべての人を許す」と言った。

あまりにも現実離れしていると思うかもしれない。しかし、もしそう思うなら、ドイツの哲学者で悲観主義者として知られるショーペンハウエルの意見を聞こう。彼は「できることなら、誰に対しても敵意を抱くべきではない」と言っている。

政府の経済顧問を長く務めたバーナード・バルークは、「政敵の攻撃に悩まされたことはあるか?」という問いにこう答えている。

「私を悩ませたり恥をかかせたりする人は一人もいない。私はそんなことをいっさい気に留めないから」

119

誰に対しても恨みや憎しみを抱かない

人々は太古の昔から、誰に対しても恨みや憎しみを抱かない聖者たちに尊敬の念を抱いてきた。私がよく行くカナダのジャスパー国立公園には、エディス・キャベルというイギリスの看護師にちなんで名づけられた美しい山がある。

一九一五年十月十二日、彼女はドイツ軍によって銃殺刑に処せられた。罪状は、イギリスとフランスの約二百名の負傷兵をベルギーの病院で看病し、中立国オランダへの逃亡を助けたことである。

四年後、彼女の遺体はイギリスに移され、ウェストミンスター寺院で追悼式が執り行われた。

現在、不朽の名声を持つこの偉人の御影石の像は、ロンドンの国立肖像画美術館の向かい側に立ち、足元には彼女が独房で語った言葉が刻まれている。

「愛国心だけでは不十分だ。誰に対しても恨みや憎しみを抱いてはいけない」

120

崇高な目標を持つ

敵を許して忘れるための最も確実な方法は、崇高な目標を持つことである。そうすれば、どんな侮辱や敵意にさらされようと平然としていられる。なぜなら、自分の目標以外のことに意識が向かないからだ。

ローレンス・ジョーンズという黒人の牧師のエピソードを紹介しよう。第一次世界大戦のさなか、彼は仲間の黒人たちを扇動したとして白人グループに捕らえられた。「われわれ黒人は成功するために立ち上がって戦わなければならない」と集会で呼びかけたことに対して、一部の白人が過剰に反応したのだ。ジョーンズは、黒人の子供たちを教育するための学校を設立して貧困から救うという崇高な目標を持っていた。彼の話を聞いた白人のリーダーは「われわれは誤解していた。彼を指弾するのではなく支援するべきだ」と言い、群衆に寄付を呼びかけ、集まったお金をジョーンズに差し出した。

後日、ジョーンズはその経験について、「私は教育に情熱を注いでいるから、他人と口論していがみ合っている暇がない」と語った。

121

誰に対しても怒らない

古代ローマのストア派の哲学者エピクテトスはこう言っている。

「われわれは自分が蒔いたものを刈り取る。長い目で見ると、すべての人が自分の悪事の報いとして何らかの罰を受けることになる。それを肝に銘じている人は、誰に対しても立腹せず、激怒せず、罵倒せず、叱責せず、攻撃せず、敵意を抱かない」

相手を理解して思いやりを持つ

アメリカ史上、リンカーンほど非難され、憎まれ、裏切られた人物はいるまい。ところが伝記によると、リンカーンは自分の好き嫌いで相手を判断しなかったという。「価値のあることを成し遂げなければならない場合、リンカーンは相手が政敵でも、物事をやり遂げる能力を持っていると判断したら抜擢した。彼は相手が政敵だからとか嫌いだからという理由で更迭するようなことはけっしてしなかった」

リンカーンは自分が任命した人たちから侮辱された。しかし、彼はそのために相手をとがめてはいけないと考えた。その理由は「その人の言動はその人の境遇や状況、教育、習慣、遺伝などの要素が複雑に絡み合っている」からだという。

おそらくリンカーンの言うとおりだ。もし私たちが敵と同じ肉体的、精神的、感情的な特徴を受け継いで、しかも人生で同じ経験をしたなら、敵と同じ行動をとるに違いない。だから相手を非難するのではなく、相手を理解して思いやりを持ち、そんな人間にならなかったことを神に感謝すべきである。

123

心の平安を得る秘訣

私はいつも聖書を読んで祈りをささげる家庭で育った。父が人生の指針にしていた教えを家の中で何度も唱えていた声が今でも聞こえてくる。

「敵を愛しなさい。自分を呪う相手を祝福し、自分を憎む相手に善行を施し、自分を利用する相手の幸せを祈りなさい」

父はその教えを実践していたおかげで心の平安を得ることができた。それはどんな権力者も得られなかった恩恵かもしれない。

ここで繰り返しておこう。

敵に復讐しようとしてはいけない。そんなことをしたら、相手よりも自分が傷つくだけだ。アイゼンハワーがいつも実行していたように、好きでもない人のことを考えて一分たりとも無駄にしてはいけない。

124

思考が人生をつくる

私が学んだ中で最大の教訓は、自分がふだん考えていることが人生の成否を分けるということである。要は、思考が人生をつくり、運命を決定づけるのだ。

思想家のエマーソンは「人間は心の中で一日中考えているものになる」と言っている。人間がそれ以外のものになることはありえない。

そこで、私たちの最大の課題は、正しい思考を選ぶことである。それができれば、どんな問題に直面しても解決の糸口をつかむことができる。

ローマの五賢帝の一人、マルクス・アウレリウスは「人生とは自分の思考がつくり上げたものだ」と言っている。

まったくそのとおりだ。幸せな思考は幸せな人生をつくる。不幸な思考は不幸な人生をつくる。病的な思考は病気を招く。失敗の思考は失敗につながる。自分を哀れんでいると、誰からもいやがられる。

125

心配するのではなく検討する

どんな問題に対しても能天気な態度を貫けばいいなどと主張するつもりはまったくない。残念ながら、人生とはそんなに単純なものではないからだ。

私は常に後ろ向きな態度ではなく前向きな態度を貫くべきだと主張したい。言い換えると、自分の問題について検討する必要はあるが、心配する必要はないということだ。検討するというのは問題の本質を理解して冷静に対処するという意味で、心配するというのは落ち込んでしまうまで思い悩むという意味である。

作家のローウェル・トーマスは莫大な借金を背負ったときですら、問題について検討はしたが心配はしなかった。彼は、もし自分が逆境に打ちのめされると、債権者を含めてすべての人に迷惑がかかることを知っていた。そこで毎朝、上着の襟のボタン穴に花を挿し、胸を張って颯爽と街中を闊歩した。彼は常に前向きな思考を心がけ、困難に屈しないと決意した。彼にとって、挫折は人生の一部であり、成功をめざすための有意義な訓練だったのだ。

126

心の持ち方は体力に影響を与える

心の持ち方は体力にも計り知れない影響をおよぼす。イギリスの有名な精神科医J・A・ハドフィールド医師は、こんな実例を紹介している。

三人の男性に普通の状態で握力測定をすると平均四十六キロだったが、「非常に弱い」という暗示をかけて握力測定をすると平均十三キロで、普通の状態の三分の一以下になった（その内の一人はボクサーだったが、「非常に弱い」という暗示をかけられると「腕が縮んだように感じた」と言った）。

最後に、その三人の男性に「非常に強い」という暗示をかけて握力測定をすると、平均七十六キロだった。力がみなぎっているという思考をすると、実際の握力が普通の状態の二倍近くになったのだ。

これが心の持ち方の驚異的な力である。

127

思考を変えれば病気も治る

私は長じるにつれて、思考に秘められた大きな力を確信するにいたった。成人教育に三十五年という長い歳月を費やす中で、多くの人が思考を変えることによって心配事を消し去り、さまざまな病気を治し、人生を変えたのを何百回も目の当たりにしたからだ。これは紛れもない真実である。私はそういう実例をあまりにも多く見てきたので、もうそれに驚かない。

128

自分の心を克服する

聖書には「人間は心の中で思っているとおりの人物になる」と書かれ、「自分の心を克服する者は、都市を征服する者よりも強い」とも書かれている。

あなたは自分の心を克服できているだろうか？

129
心の持ち方が人生を左右する

イギリスの詩人、ジョン・ミルトンは盲目だったが、「心の持ち方が人生を左右する」という真実を約三百年前に発見した。彼はこう言っている。

心の持ち方によって天国は地獄になり、地獄は天国になる。

ミルトンの指摘が真実であることを実証したのが、ナポレオンとヘレン・ケラーだろう。ナポレオンは誰もがうらやむ栄光と権力と財産を手に入れたが、セントヘレナ島に流され、「人生で幸せな日々は一週間も続かなかった」と嘆いた。一方、ヘレン・ケラーは視覚と聴覚に重度の障害を抱えていたが、「人生はとても素晴らしい」と力説した。

130

心の平安は自分で手に入れる

半世紀にわたり生きてきて学んだことがあるとすれば、「心の平安を自分にもたらすのは自分しかいない」ということだ。

思想家のエマーソンの名言を紹介しよう。

「政治的な勝利、収入増、友人との再会などの出来事は精神を高揚させるから、さぞかしその後は楽しい日々が待っていると思うだろう。だが、それを信じてはいけない。そんなことはけっしてないからだ。結局のところ、心の平安をもたらすのは自分しかいない」

131

間違った思考を心から追い出す

古代ローマの哲学者エピクテトスは「膿(うみ)を体から出すことよりも、間違った思考を心から追い出すことに意識を向けるべきだ」と主張した。

エピクテトスがそう言ったのは千九百年前だが、現代医学はその指摘を支持している。ジョンズ・ホプキンズ大学病院のキャンビー・ロビンソン医師は「五人の入院患者のうち四人までが精神的ストレスによる症状で苦しんでいる」と指摘している。これは器質性疾患の場合でさえあてはまることが多い。同医師によると、その原因は人生の諸問題にうまく適応できていないことだという。

132 明るく振る舞えば、気分も明るくなる

フランスの偉大な思想家モンテーニュの人生の指針を紹介しよう。

「人間はどんな出来事が起きたかということより、それをどのようにとらえるかによって精神的に動揺する」

どんな出来事が起きようと、それをどのようにとらえるかは私たち次第である。つまり、トラブルに見舞われて神経をすり減らしているときに、意志力を駆使すれば心の持ち方を変えることができるのだ。その秘訣はいたってシンプルである。ハーバード大学の教授を務めた偉大な心理学者ウィリアム・ジェームズはこう言っている。

「明るさを失ったときにそれを取り戻す最高の方法は、明るく振る舞うことだ」

これは簡単なトリックだが、驚くほどの効果を発揮する。自分で試してみるといい。顔に笑みを浮かべ、背筋を伸ばし、深呼吸をし、陽気な歌を口ずさむのだ。明るく振る舞っているときに気分が落ち込んだままになるのは不可能である。これは人生に奇跡を起こすことができる真実のひとつだと言える。

133

明るく振る舞って死から逃れた人

ある中年男性は重病にかかり、血圧がかなり上がった。医者から「最高血圧が二百十四もあり、致命的な数値だから、すぐに身辺整理をしなさい」と言われた。

「さっそく帰宅して家族に保険金が支払われるように手配しました。私は憂うつになり、暗いことばかり考えて周囲の人を不幸にしていました。しかし、一週間ずっと自分を哀れみ、落ち込んだ後、『こんな愚かなことをしていてはいけない。きっと一年間は死なないから、せめてそのあいだだけでも明るく振る舞おう』と自分に言い聞かせました。

私は背筋を伸ばし、顔に笑みを浮かべました。最初は努力を要しましたが、明るく振る舞っていると、家族だけでなく自分も幸せな気分になりました。現在、私は医者に告知された余命を超えて生きていますが、幸せであるだけでなく、血圧も下がって健康そのものです。心の持ち方を改善すると癒されることがよくわかりました」

明るく振る舞うだけで命が助かるなら、私たちも明るく振る舞い、自分と周囲の人を幸せにすべきである。暗いことを考えて周囲の人を巻き込んではいけない。

134

思考を変えれば状況が変わる

イギリスの有名な哲学者ジェームズ・アレンはこう言っている。

「物事や周囲の人に対する自分の思考を変えれば、物事や周囲の人が変わることを実感するだろう。

思考を根本的に改めるなら、置かれている状況に急激な変化が起こる。人間は自分が求めるものを引き寄せるのではなく、自分がそうであるものを引き寄せるのだ。人間が成し遂げるものはすべて、その人自身の考えの直接の結果である。人間は自分の思考を高めることによってのみ向上し、問題を克服し、目標を達成することができる。思考を高めようとしないなら、いつまでも弱くてみじめなままでいるしかない」

135

行動が思考を変える

聖書の創世記によれば、創造の神は人間に全世界の支配権を与えた。これは強大な贈り物だ。

だが、私はそのような特権には興味がない。私が望むのは、自分自身を支配することだけだ。私は自分の思考を支配し、自分の恐怖心を支配し、自分の心や魂を支配したい。そして素晴らしいことに、いつでもそれができる。ただ自分の行動をコントロールするだけでいいのだ。行動をコントロールすれば、思考も心の持ち方も変わる。

136

恐怖を闘志に変える

著名な心理学者ウィリアム・ジェームズの言葉を覚えておこう。

「災いと呼ばれるものの多くは、祝福すべき幸せに変えることができる。それに悩む心の持ち方を恐怖から闘志に変えるだけでいいのだ」

早速、幸せを手に入れるために闘おうではないか。

137
眠れなくても心配しない

よく眠れないことを心配しているなら、興味深い事実を紹介しよう。サミュエル・アンターマイアーという有名な弁護士は生涯で一度も熟睡したことがなかった。

彼は大学に入って喘息と不眠について心配した。しかし、どちらも治らなかったので心配するのをやめ、眠れないことを活用することにした。夜中も起きて勉学に励んだのだ。その結果、ニューヨーク市立大学を優秀な成績で卒業することができた。

弁護士になってからも不眠が続いたが、彼は成り行きに任せておけば大丈夫だと考えて心配しなかった。睡眠時間はごくわずかだったにもかかわらず健康を維持できたので、他の弁護士たちよりもよく働いて全米で最も稼ぐ弁護士になった。

彼は不眠がずっと続いたので夜遅くまで働き、朝の五時には起きて仕事を始めた。ほとんどの人が仕事を始める時間帯には一日の仕事の半分近くが終わっていた。生涯で一度も熟睡したことがなかったが、八十一歳まで健康で長生きした。不眠について心配していたら、とっくに健康を損ねて早死にしていたに違いない。

138

睡眠時間は個人差が大きい

私たちは人生の約三分の一を眠って過ごす。ところが、睡眠の本質について理解している人はほとんどいない。睡眠が体の傷んだ部分を自然に修復している状態であることは誰もが知っているが、何時間の睡眠が必要かは誰も知らない。

戦争で頭部を負傷したポール・カーンという兵士は怪我から回復したが、不思議なことに眠ることができなかった。医者があらゆる種類の睡眠薬と鎮静剤を投与しても眠くならなかったのだ。医者は「こんな状態では長く生きられない」と断言したが、彼は仕事に就いて何年間も健康で過ごした。横になって目を閉じて休んだが、まったく眠らなかった。これは医学的な謎とされ、睡眠に関する常識を打ち破った。

睡眠時間は人によって大きく異なる。イタリアの指揮者トスカニーニは一日に五時間しか眠らなかったが、カルビン・クーリッジ大統領は一日に十一時間も眠った。つまり、トスカニーニは人生の約五分の一しか眠らず、クーリッジは人生の半分近くを寝て過ごしたことになる。

139

眠れないことを気にしない

不眠症そのものよりも不眠症について心配するほうがはるかに大きな害をおよぼす。たとえば、ある男性は慢性的な不眠症のために危うく自殺するところだった。「元々、私は熟睡するタイプでしたが、遅刻が続いて解雇されるのではないかと心配になりました。そこで目覚まし時計に意識を集中したところ不眠症になってしまい、朝になっても疲れがとれなくなりました。そういう状態が二か月も続き、拷問のような苦しみを味わいました。眠れないので何時間も家の中を歩き、苦しみから逃れるために窓から飛び降りて自殺しようかと真剣に考えたこともあります。

医者に相談したところ、『眠れないなら、それを忘れなさい。眠れなければ朝まで目を閉じて横になって休んでいるだけでいい』と言われました。そのとおりにしたところ、二週間後にはよく眠れるようになり、一か月後には八時間ぐっすり眠れるようになりました」

この男性の例は、不眠症について心配するほうが不眠症そのものよりもずっと有害であることを実証している。

不眠症ではなく心配性を克服しよう

シカゴ大学の教授を務めるナサニエル・クライトマン博士は、睡眠研究の第一人者だ。彼によると、不眠症で死んだ人はいないという。たしかに不眠症のために体力が衰えることはあるかもしれないが、その原因は不眠症ではなく心配性である。

クライトマン博士は「たいていの場合、不眠症について心配している人は、本人が思っているよりずっとたくさん眠っている」と言っている。だから、「昨夜は一睡もできなかった」と嘆く人でも、知らないうちに何時間も眠っている可能性がある。

たとえば、十九世紀の有名な思想家ハーバート・スペンサーは自分が不眠症であることについて延々と話して周囲の人をうんざりさせていた。ある晩、彼はオックスフォード大学のセイス教授とホテルの一室に泊まった。翌朝、スペンサーは「一睡もできなかった」と言ったが、実際に一睡もできなかったのはセイス教授だった。スペンサーのいびきが一晩中ひどかったので、セイス教授はずっと起きていなければならなかったのだ。

141

祈りは熟睡に役立つ

熟睡の第一条件は安心感である。トーマス・ヒスロップ医師はイギリス医師会での講演で、こう語った。

「私の長年の診療経験でわかったのは、祈りが睡眠を促す最高の方法のひとつだということだ。祈りは、それを習慣的に実践している人にとって、乱れている心を落ち着け、高ぶっている神経を鎮める最も適切な方法である」

142

全身の緊張を解く

デービッド・フィンク医師は「自分の体にリラックスするように話しかけることが最も効果的だ」と主張している。同医師によると、言葉が暗示のカギであり、もし何日間も眠れないなら、自分が不眠症になるように話しかけているからだという。

この状態を改善するためには、ネガティブな自己暗示を解かなければならない。そこで全身の筋肉に対してリラックスするように話しかける必要がある。

筋肉が緊張していると精神的にも緊張するから、眠りたいなら筋肉の緊張を解くことから始めよう。両膝の下に枕を敷いて両足の緊張を解き、両肘の下にも小さな枕をひとつずつ敷いて両腕の緊張を解き、顎と目と腕と足にリラックスするように話しかければ、知らないうちに眠ることができる。

私はこの方法を試して実際に効果があった。もし眠れないなら、ぜひ試してみるといい。

143 眠れないなら体を疲れさせる

不眠症を治す最も効果的な方法のひとつは、体を疲れさせることである。たとえば園芸や水泳、テニス、ゴルフ、スキーをするのもいいし、単に重労働をするだけでもいい。これこそ作家のセオドア・ドライサーが実行したことだった。新人のころ苦労していたとき、将来が心配で不眠症になったので、土木作業員として働いたところ、一日の仕事が終わるころには疲れ果てて食事もせずに熟睡したという。

十分に疲れると自然に眠れるようになる。どんなに危険が迫っていても、完全に疲れていると眠ってしまうものだ。有名な神経科医のフォスター・ケネディ医師によると、第一次世界大戦中にイギリス兵たちが敵から退散しているときに疲れ果てて昏睡状態のように眠っているのを目の当たりにしたという。

144 眠れなくても死なない

眠れないという理由で自殺した人は一人もいないし、これからもそういう人は現れないだろう。人間は自然に眠れるようにできているのだ。

有名な心理学者のヘンリー・リンク博士は、心配性で抑うつ状態に陥っている多くの人と話をした。ある男性に対しては、あれこれ議論するとややこしくなるので、「どうせ自殺するなら、英雄のように死んだほうがかっこいいから、倒れて死ぬまで街中を走りなさい」と指導した。

その男性は何度かそれを試したが、走るたびに気分がよくなった。そして三日目にはリンク博士の思惑どおりのことが起きた。肉体的に疲れ果てて熟睡したのだ。その後、この男性はスポーツクラブに入会し、やがて競技大会に参加するようになり、心身ともに爽快になって、今後もずっと健康で生きていたいと思うようになった。

145
忙しく過ごせば、悲しみは癒える

ある男性は五歳の愛娘を失って悲しみに暮れていた。あまりの悲しみで夜も眠れず、生きていく自信を失った。医者に勧められた睡眠薬も旅行も効果がなかった。

「しかし幸いなことに、私には四歳の息子がいて、解決策を教えてくれました。ある日、ずっと椅子に座って嘆いていると、息子が『船をつくって』と言ってきました。悲しくて何もする気になれませんでしたが、しつこくねだるので、おもちゃの船をつくってやることにしました。

その船をつくるのに約三時間かかりましたが、久しぶりに何かに没頭していると、嘆いている暇がないことに気づきました。そこでたえず忙しく過ごすことにしました。

翌日の夜、家じゅうを見てまわり、修繕すべき箇所をリストアップしたところ、階段や本棚、蛇口など二百か所以上が見つかりました。それから二年間でその大半を修繕しただけでなく、ふだん市民活動や慈善活動をして忙しく過ごしているので、今ではもう悩んでいる暇はありません」

146

人間の脳は一度にひとつのことしか考えられない

なぜ、たえず忙しく過ごしていると不安がなくなるのか？

心理学の基本的な法則として、どんなに優秀な人でも、人間の脳は一度にひとつのことしか考えることができないからだ。

信じられない人のために実験してみよう。目を閉じて、自由の女神と明日の予定を同時に思い浮かべるのだ。

おそらくできないはずである。それらを代わる代わる思い浮かべることはできるが、同時にふたつのことを思い浮かべることはできない。

それと同じことが感情についてもあてはまる。楽しいことを思い浮かべてワクワクすることと、悲しいことを思い浮かべてくよくよすることは同時にできない。

147

治療薬としての仕事

どの精神科医も、仕事に励んでたえず忙しく過ごすことが、精神を病んでいる人たちによく効くことを知っている。詩人のヘンリー・ロングフェローは火災事故で若い妻を失ったときにそれを発見した。

当初、彼はひどく落ち込んだが、幼い子供たちのために父親と母親の両方の役割を果たすことによって悲しみを乗り越えた。子供たちを散歩に連れていき、物語を話して聞かせ、一緒にゲームをして遊んだ。さらに、ダンテの詩集の翻訳に取り組んで、たえず忙しく過ごしているうちに心の平安を得た。

148

悲しみを乗り越える秘訣

イギリスの詩人テニソンは親友の詩人アーサー・ハラムを失った悲しみを乗り越える決意をこう表現している。

「私はたえず忙しく過ごさなければならない。絶望に打ちひしがれて心身ともに衰弱してしまわないように」

暇を持て余すと心配性が忍び寄る

　ほとんどの人は特に苦労しなくても忙しく過ごすことができる。日々の仕事に励めばいいからだ。

　しかし、仕事が終わった後の時間が危険である。余暇を楽しむゆとりができると本来なら幸せを感じるはずだが、心配性という悪魔が忍び寄るからだ。その結果、自分はこれからどうなるかとか、上司に言われたことについてあれこれ悩んだり、病気になるのではないかと不安になったりする。

　忙しく過ごしていないと、心は「真空状態」のようになり、そこにいろんな雑念が入り込んでくる。心配や恐怖、憎悪、嫉妬、羨望などのネガティブな感情は非常に激しい力を持っているので、平和で幸福な気分が吹き飛んでしまうのだ。

150

仕事に専念すれば、心の安らぎが得られる

コロンビア大学の教育学者ジェームズ・マーセル教授はこう主張している。

「活動しているかぎり心配性にならないが、一日の仕事を終えると心配性が頭をもたげる。想像力が暴れ出し、妄想が次々に思い浮かぶので、些細なことを大げさに考えてしまうからだ。心は負荷がかかっていないモーターのように激しく回転し、人間を破滅に追い込むおそれがある。心配性を治す方法は、建設的なことを見つけて、それに没頭することだ」

大学教授でなくても、この真実に気づくことができる。ある女性は息子が戦地に赴いて心配だったので、たえず忙しく過ごすために家政婦を解雇して家事に励んだ。ところが、それでも心配性が治らないので、百貨店で店員として働くことにした。

「このやり方はかなり効果的でした。一日中、お客さんとの対応に追われて多忙をきわめ、帰宅して夕飯を食べた後、すっかり疲れて熟睡しました。心配している時間もないぐらいでした」

仕事に専念していると、人間は心が落ち着いて安らぎを感じるものなのである。

151

悲しみにひたっている時間をなくす

世界的に有名な探検家オーサ・ジョンソンはいつも夫と一緒に世界中を旅行し、アジアとアフリカの消えゆく自然を撮影した映画を何本も製作した。アメリカに戻ると、頻繁に講演をした。

ところが夫婦で飛行機に乗っていたとき、墜落事故にあって夫を亡くし、自分は大けがを負った。医者は「残念ながら、ずっと寝たきりになる」と言ったが、三か月後に彼女は車椅子に座って大観衆の前で講演をした。その後、百回以上も車椅子で講演をした。

「なぜそんなことをするのか？」と私が尋ねると、彼女は「悲しみにひたっている時間をなくしたいから」と答えた。

152

明確な目的を持つ

リチャード・バード提督は広大な南極大陸を探検し、五か月間も雪に埋もれた小屋の中で一人きりで過ごした。昼間も夜のように真っ暗で、あまりの寒さで凍えそうだったが、正常な精神状態を保つためにいつも翌日の計画を大まかに立てた。避難用トンネルをつくるのに一時間、雪かきに一時間、ドラム缶の整備に一時間、そりの修繕に二時間といった具合だ。

彼は当時を振り返り、こう言っている。

「こんなふうに時間を割り当てることができたのは素晴らしいことだった。明確な目的がなかったら、日々の生活は確実に崩壊してしまっただろう」

これは含蓄のある言葉である。

明確な目的がなければ、日々の生活は確実に崩壊する。私たちはこの言葉を肝に銘じるべきだ。

153 忙しすぎて心配する暇がなかった偉人たち

イギリスのチャーチル首相は、心配している暇がないくらい忙しく過ごすことを任務にしていた。戦争中、一日に十六時間も陣頭指揮をとったが、「国家存続の危機を心配したことがあるか？」と尋ねられ、「忙しすぎて心配している暇がない」と答えた。

発明家としてゼネラル・モーターズの研究所を率いていたチャールズ・ケタリング副社長は、自動車のエンジンを開発していたとき、忙しくて悩んでいる暇もない状態だった。当時、とても貧しくて妻からは「心配で夜も眠れない」と言われたが、彼自身は「仕事に没頭していて心配している暇はない」と言っていた。

フランスの偉大な科学者ルイ・パスツールは実験室で研究に没頭しているときに心の平安を見いだした。研究に没頭していると、自分のことを心配している暇がないからだ。研究者はめったにノイローゼにならない。そんな余裕がないのだ。

V

批判に屈しない

154

批判は称賛の裏返し

一九二九年、ある出来事が全米の教育界の話題をさらった。ロバート・ハッチンズという若者がシカゴ大学の学長に就任したのだ。ウェイター、木こり、家庭教師、セールスマンをしながら苦学してイェール大学を卒業した人物である。その卒業から八年後、三十歳の若さでシカゴ大学の学長に就任したのだから、年長の教育者たちは「若すぎる」「経験が足りない」と批判を浴びせたのだ。各新聞も一斉に攻撃した。

就任式の日、友人がハッチンズの父親に「今朝、新聞の社説であなたの息子さんを非難しているのを読んでショックを受けた」と言ったところ、父親は「たしかに痛烈な批判だが、取るに足らない人物を攻撃する人はいない」と答えた。

なるほど、人々は重要人物を攻撃することによって満足を得ようとする傾向がある。そうすることによって自分のほうが偉いと思いたがるのだ。

155

俗悪な人物は偉大な人物をこきおろす

先日、ある女性からウィリアム・ブース牧師を非難する手紙が届いた。それによると、ブース牧師が貧者を救済するために集めている募金の一部を私的に流用しているというのだ。もちろん、まったくの言いがかりである。この女性は自分より社会的地位が高い人物をこきおろして喜びを得ていたのだ。私はその悪意に満ちた手紙をゴミ箱に捨てて、こんな女性と結婚しなかったことを神に感謝した。その手紙はブース牧師の人格ではなく、その女性の人格をあらわにしていた。ドイツの哲学者ショーペンハウエルは「俗悪な人物は偉大な人物をこきおろして大きな喜びを得る」と言っている。

イェール大学の学長は俗悪な人物ではないが、かつてティモシー・ドワイト元学長は大統領候補をこきおろして大きな喜びを得ていた。「こういう不道徳な輩が大統領になれば、社会の風紀が乱れる」とまで言い放ったのだ。まるで極悪人を非難しているような言い草だが、その矛先は、なんと、独立宣言の主な起草者で民主主義の守護者であるトーマス・ジェファーソンに向けられていた。

156

人間の本性は今も昔も変わらない

「殺人者より少しましなだけの偽善者」とまで酷評されたアメリカ人は誰か？　新聞の風刺漫画はその人物が断頭台に縛られ、群衆の罵声を浴びている姿を描いた。

はたしてその人物は誰か？　初代大統領のジョージ・ワシントンである。

それはかなり昔の話だから、今では人間の本性は改善しているはずである。

アメリカ海軍のロバート・ピアリー提督を例にとって検証しよう。一九〇九年に北極点に到達して世界を驚嘆させた英雄である。ところが上官たちは彼の名声を妬み、「ピアリーは調査費を流用して北極で気ままに過ごしている」と告発した。おそらく彼らは本気でそう思っていたのだろう。部下のピアリー提督を貶めたいという彼らの決意はあまりにも強固だったからだ。それでも彼が北極で活動を続けることができたのは、マッキンリー大統領の支援があったからである。

もしピアリー提督が海軍で地道に仕事に励んでいたら名声を得ることはなかったから、上官たちの嫉妬を買うこともなかっただろう。

157 虚栄心を満たそうとする人たち

ウェールズ公（後のイギリス国王、エドワード八世）は十代半ばに海軍兵学校に入学して二年間の教育を受けることになった。ある日、泣いているところを将校が見つけて事情を聴くと、最初は口をつぐんでいたが、同級生たちからいじめを受けていることを告白した。事態を重く見た校長は少年たちを呼び、「ウェールズ公は抗議していないが、なぜ彼をいじめるのか？」と問いただした。

少年たちはしばらくごまかしていたが、厳しく追及されて事実を認め、「いつか自分が海軍の司令官や艦長になったとき、未来の国王をいじめたことを自慢できると思った」と言った。

なるほど、人間にはそういう一面があるのだ。つまり、自分より地位が上だったり成功したりしている人を見ると、一部の人はその人を非難して屈折した優越感にひたろうとするのである。

158

不当な批判に対する心構え

一八六二年、北軍のグラント将軍は南北戦争で勝利を収めて英雄となり、民衆の喝采を浴びた。ところが、その約一か月後に逮捕されて軍隊の指揮官の職を解かれたため、屈辱と絶望のあまりむせび泣いた。

なぜグラント将軍は戦功をあげたのに逮捕されたのか？　上官たちの嫉妬を買ったからだ。

不当な批判を浴びることが心配なら、次のふたつのことを肝に銘じよう。

❶ たいていの場合、不当な批判は称賛の裏返しである。

❷ 取るに足らない人物なら、誰もわざわざ批判しない。

159

批判されても動じない

スメドレー・バトラー少佐は若いころ少しでも批判されると深く傷ついたが、三十年も海軍に勤務しているうちに何を言われても動じなくなったという。

しかし、ほとんどの人はそこまで達観しているわけではない。数年前、ニューヨークの新聞記者が私の成人教育の授業を受けて、それを皮肉る記事を書いた。私は個人攻撃だと感じて新聞社に抗議の電話をし、「からかうのではなく事実を書いてほしい」と言った。

現在、私は当時の振る舞いを恥じている。その新聞を買った人たちの半数はその記事を読まないし、その記事を読んだ半数の人はたわいのない冗談と受け取り、それを笑った人たちの半数はしばらくしたら忘れるからだ。

人々はあなたや私のことをそんなに考えていない。人々はたいてい自分のことしか考えていないのだ。たとえあなたや私が死んでも、人々はそんなことより自分の些細な頭痛に大きな関心を寄せる。人間とはそういうものなのだ。

160

友人に裏切られても失望しない

六人の友人のうちの一人に裏切られても、嘆いてはいけない。

イエス・キリストの身の上に起きたことを思い出そう。十二人の弟子の一人がわずかな賄賂を受け取って裏切り、別の一人の弟子はイエスがトラブルに見舞われるとすぐに見放して知らんふりをした。

イエスですら六人に一人の割合で裏切られているのだから、あなたや私が六人の友人のうち一人に裏切られても仕方がないと考えるべきである。

161

自分が正しいと思うことをする

人々があなたに不当な批判を浴びせるのを防ぐことはできないが、不当な批判に惑わされないようにすることはとても重要である。

フランクリン・ルーズベルト大統領のファーストレディ、エレノア・ルーズベルト女史に「不当な批判にどう対処しているか？」と尋ねたところ、驚いたことに、不当な批判を頻繁に受けるという。おそらく厄介な敵がたくさんいるのだろう。

彼女は子供のころ非常に内気で、他人にどう言われるかをたえず恐れていた。そこで叔母にアドバイスを求めたところ、「自分が正しいと確信しているかぎり、他人にどう言われようと気にする必要はない」という答えが返ってきた。その後、彼女は外交官を務めるようになってからもその教えに従った。

「自分が正しいと心の中で確信していることをすればいい。それを実行しても批判されるし、実行しなくても批判される。いずれにせよ、批判を免れることはできない」

それが彼女の処世訓だ。

162 いかなるときでも最善を尽くす

実業家のマシュー・ブラッシュ氏に「批判に対して敏感か？」と尋ねたところ、こんな答えが返ってきた。

「たしかに若いころはとても敏感だった。全従業員に好かれたかったからだ。それができないときはひどく悩んだものだ。ある者を満足させようとすると、別の者が不満をあらわにした。その繰り返しだった。

しかし、人の上に立つと批判されることを覚悟しなければならないと悟ったとき、気分が楽になった。それ以来、私はいかなるときでも最善を尽くすように心がけ、どんなに批判されても惑わされずにさらりと受け流すようにしている」

163
謙虚に批判を求めて億万長者になった人

あるセールスマンは謙虚に批判を求めた。彼はコルゲート社の営業マンとして石鹸を売り始めたとき、注文が少ししか来なかったので、失業するのではないかと不安になった。石鹸や値段に問題がないことは明らかだったので、彼は自分に問題があると考えた。説明があいまいだったのか？　熱意が足りなかったのか？

そこで、取引先の仕入れ係に直接質問した。

「私が戻ってきたのは、石鹸を売りつけるためではなく、アドバイスをしてもらうためです。先ほどの説明でよくなかった点を教えてもらえませんか。経験が豊かで実績がある人の意見を聞きたいのです。どうぞ遠慮なく指摘してください」

彼はこうして取引先の信用を得て、的確なアドバイスをしてもらうことができた。

その後、どういう展開になったか？

この人物（エドワード・リトル氏）はコルゲート社を世界最大の石鹸会社に発展させた功労者として全米屈指の億万長者になったのである。

164

小さなことにこだわらない

私たちが些細なことに悩みがちなのは、それを大げさに考えてしまうからだ。

イギリスの政治家ディズレーリは「小さなことにこだわるには人生はあまりにも短い」と言っている。この名言について、フランスの作家アンドレ・モーロアは「この言葉のおかげで多くの辛い経験を乗り越えることができた」と言っている。

彼はその理由をこう語っている。

「ともすれば、私たちは取るに足らないことに気をとられやすい。しかし、よく考えてみよう。私たちはあとせいぜい数十年しか生きることができないのだ。それなのに、自分を含めて誰もが一年も経てば忘れてしまうようなことに悩んで貴重な時間を浪費している。そんなことではいけない。崇高な理念、本物の愛情、有意義な仕事に人生をささげようではないか。小さなことにこだわるには人生はあまりにも短いのだから」

165

周囲の人を助けることに関心を抱く

助けを求めて精神科医のもとに駆け込む人たちの約三分の一は、もし周囲の人を助けることに関心を抱けば、たぶん自分の力で治るはずだ。これは私の考え方ではなく、精神分析学者のカール・ユングが指摘していることである。

彼はこう言っている。

「私の患者の約三分の一は神経症と診断できるものではなく、空虚な生活態度のために思い煩っているだけである」

彼らは周囲の人を助けようとせず、周囲の人に助けてもらうことばかり考えている。そして精神科医のもとを訪ねて、自分の満たされない思いをぶつけるのだ。

166

人を助けることでいじめを克服した子供

ある男性は幼いころに両親を亡くし、農家の夫婦に引き取ってもらった。ところが小学校に上がると他の子供たちにいじめられ、帰宅して泣いて過ごすようになった。養父には「腹を立てて喧嘩をするより、その場を立ち去るほうが立派だということを覚えておきなさい」と言われた。

「ある日、学校に行って、養父に買ってもらった帽子を自慢した。ところが、体の大きな女の子がその帽子を取り上げ、その中に水を入れて『空っぽの頭を冷やせ』と言った。私は学校では泣かなかったが、家に帰って泣いた。すると、養母が敵を味方に変える方法を教えてくれた。頑張って勉強して他の子供たちを手伝ってあげなさいというのだ。そこで私は一生懸命に努力してクラスで一番の成績をとり、他の子供たちの作文や算数の宿題を手伝った。また、学校の行き帰りには養父母の作業だけでなく近所の農家の作業を手伝い、喜んでもらった。周囲の人を助けて忙しく過ごしているうちに心配事がほとんどなくなり、学校でいじめにあうこともなくなった」

167

誰かに悩みを打ち明けて心を浄化する

ボストン・クリニックのローズ・ヒルファーディング医師によると、悩みを軽くする最高の方法のひとつは、誰かに悩みを打ち明けることだという。

ヒルファーディング医師はこう言っている。

「私はそれを『心の浄化』と呼んでいます。患者が来院すると、悩み事を詳しく話してすっきりしてもらうようにしています。一人でずっと悩んでいると、いずれ精神を病んでしまうからです。私たちは誰かに悩みを打ち明ける必要があります。それを聞いて理解してくれる人がいるのを実感することがとても大切なのです」

私の助手はボストン・クリニックでそういう例を目の当たりにした。ある女性は家庭の悩みを抱えて暗い表情で来院したが、それを打ち明けているうちに落ち着いてきて、やがて顔に笑みを浮かべていた。

その問題は解決したか？　もちろん、そんなに簡単ではなかった。しかし、誰かに悩みを打ち明けて同情してもらうことによって、気分がとても楽になったのは確かである。

168

手帳を持ち歩く

❶ 気分が高揚するような名言や詩を手帳に記入する。雨の日に気分がふさいだら、手帳を取り出して陰うつな気分を吹き飛ばそう。きっと明るい気分で一日を過ごすことができる。

❷ 翌日の予定を立てる。多くの人は日々の膨大な仕事や家事に圧倒されて悩んでいる。作業が終わらず、時間に追われて過ごしているのが現状だ。そこで毎晩、翌日のスケジュールを手帳に書いてみるといい。当日の作業がはかどって達成感を得ることができ、ストレスから解放されるはずである。

169

人間関係をよくするための心得

❶ 相手の欠点について思い悩まない。たしかにあなたの配偶者には欠点がたくさんあるに違いない。しかし、もし欠点が見当たらないほど素晴らしい人物なら、たぶんあなたとは結婚しなかったはずだ。ある女性は「夫が死んだらどうするか？」という質問に衝撃を受け、自分ががみがみ言っていたことを反省して夫の長所をリストアップしたところ、夫の魅力を思い出すことができたという。

❷ 近所の人たちとふれあう。近所の人たちに誠実な気持ちで関心を抱き、友好的に接することを心がけよう。ある人は自分が特別だと思い込んで近所の人たちに挨拶すらせず、病気がちの生活を送っていた。ところが、近所の人たちと親しくするようになって悩みがなくなったという。

170

手軽に緊張を解きほぐす方法

家の中で手軽にリラックスする方法を紹介しよう。これは疲労と老化を防止するのに打ってつけである。これを一日に二回やってみるといい。

❶ 疲れを感じたらベッドの上で横になって全身を伸ばす。単に寝転ぶだけでもいい。
❷ 目を閉じる。「太陽は輝き、空は青く澄みわたり、大自然は美しく、私は宇宙と波長を合わせて生きている」と唱えよう。
❸ 時間がなくて横になることができないなら、椅子に座り、背筋を伸ばして両手をだらりと下げて太ももの上に置く。
❹ 両足の筋肉をリラックスさせる。
❺ ゆっくりと深呼吸をする。これは神経を落ち着かせるのに最適の方法である。
❻ 眉間のしわや緊張した口元を解きほぐす。

171

謙虚さは批判を称賛に変える

もし誰かに自分のいたらない点を批判され、その内容が正しいと思ったら、弁解をしたくなる衝動を抑えよう。弁解は誰でもできる。実際、愚か者ほど弁解をしたがる。

だが、そんなことをするより謙虚に反省しよう。

たとえば、こんなふうに言ってみるといい。

「実を言うと、私にはいたらない点がほかにもたくさんあります。もしそれをすべてお知りになったら、あなたはもっと厳しく私を批判するはずです」

きっと相手はあなたの謙虚さに強い感銘を受け、批判するのをやめて称賛してくれることだろう。

172

批判されたら謙虚に反省する

不当な批判を受けたと感じ、怒りがこみ上げてきたら、少し立ち止まって自分に言い聞かせよう。

「いや、ちょっと待て。私は完璧とはほど遠い人間だ。かのアインシュタインですら少なくとも九九パーセントの確率で自分の考えが間違っていることを認めている。きっと私は少なくとも八〇パーセントの確率で間違っているはずだ。もしかすると、今、私が受けている批判は正当なのかもしれない。とすれば、批判してもらったことに感謝して謙虚に反省しよう」

173

批判から教訓を学ぶ

ある有名なラジオ局の社長は、称賛の手紙ではなく批判の手紙を読むようにしているという。貴重な教訓を学ぶためには批判の手紙を読んだほうがいいという信念を持っているからだ。

称賛されると誰でも嬉しいものだ。だが、批判から多くの教訓を得ることによって成長につなげることができる。

174

将来の自分になったつもりで現在の自分を反省する

フランスの哲学者ラ・ロシュフーコーは「自分に関しては、自分の意見より他人の意見のほうが真実に近い」と言っている。

これは紛れもない真実だ、と私は実感している。とはいえ、誰かが批判し始めると、私はすぐに弁明してしまう。そして、そのたびに自己嫌悪に陥る。

誰もが批判されるのをいやがり、ほめてもらうのが好きだ。批判や称賛の内容が正しいかどうかとは関係ない。なぜなら、私たちは論理の生き物ではなく感情の生き物だからだ。

ほとんどの人は自分が正しいと思って生きているが、今から何年も経てば、現在の自分を振り返って笑ってしまうかもしれない。

大手新聞社の名編集長として知られるウィリアム・ホワイト氏は半世紀前の自分を振り返ると、なんと愚かだったかと思って恥ずかしくなるという。もしかすると、私たちも二十年後に現在の自分に対して彼と同じように思うかもしれない。

175

「大バカ者」と批判されても怒らなかったリンカーン

もし誰かから「大バカ者」と批判されたら、あなたはどうするだろうか？

リンカーンはスタントン陸軍長官から「大バカ者」と批判されたとき、腹を立てずにこう言った。

「もし彼がそう言ったのなら、きっと私は大バカ者に違いない。なぜなら、彼はたいてい正しいことを言うからだ。私は少し立ち止まって反省しなければならない」

リンカーンはスタントンに会いに行き、スタントンの要望を聞き入れた。リンカーンは、誠実な気持ちで真実に基づいて投げかけられた批判を常に歓迎していた。

あなたや私も自分に対する的確な批判を歓迎すべきである。私たちは四分の三以上の確率で正しいことを期待できないからだ。少なくともセオドア・ルーズベルトは大統領だったときに自分自身についてそう言っている。

176
欠点をひとつずつ直していったフランクリン

万能の天才とたたえられるベンジャミン・フランクリンは、毎晩、真剣に反省していた。自分には十三の重大な欠点があることを発見したからだ。そのうちの三つは、時間を浪費すること、些細なことに悩むこと、相手の意見に反論して言い合いをすることだった。

彼は賢明にも、それらの欠点を直さないかぎり、大きな功績をあげることはできないと悟った。そこで、毎週、ひとつずつ直すべき欠点を選んで格闘し、その結果を記録した。彼はこの真剣勝負を二年以上も続けた。

その結果、フランクリンはアメリカで最も敬愛され、最も影響力のある人物の一人になった。

177

たえず自己分析をする

学校教育をほとんど受けず、小さな店の店員から出発して複数の大企業の役員を務めたH・P・ハウエル氏は、成功の秘訣をこう言っている。

「長年、私は一日の仕事の内容を手帳に記録してきた。そして土曜日の夜に一週間を振り返って自己分析をし、『どんなミスを犯したか？』『どんな点がよかったか？』『どうすれば改善できるか？』と自分に問いただした。

その結果、自分の失敗に驚きながら恥ずかしく思うこともあった。ただ、年月の経過に伴って失敗は減っていった。この自己分析の習慣を何年も続けたことが、私の成功の最大の要因だと思う」

178

失敗の責任は自分にあることを忘れない

私は「自分の愚かな失敗」と題する記録をつけてきた。秘書に口頭で伝えて記録させたこともあるが、秘書には言えない恥ずかしい失敗については自分で書くことにしていた。

私は十五年前に記録した数々の失敗を今でも鮮明に覚えている。「私はたびたび愚かな振る舞いをし、何度も大失敗をしでかした」と告白した聖パウロの心境がよく理解できるような気がする。

自分の記録を読み返すたびに、自己管理が最大の課題であることが身にしみてわかる。私は自分の問題を周囲の人のせいにしてきた。しかし今では、自分の不幸の大半は私自身に原因があることを知っている。

失脚してセントヘレナ島に流されたナポレオンは、こう言ったとされる。

「私の転落の原因は自分自身にあり、他の誰のせいでもない。私は自分の最大の敵であり、墓穴を掘ってしまったのだ。私の悲惨な運命の原因をつくったのは私自身である」

訳者あとがき

本書は、一九四四年に出版されたアメリカの自己啓発の大家デール・カーネギーの古典的名著『道は開ける』の初版本をもとに翻訳、編集したものです。ちなみに、日本でよく知られているのは、一九八四年に遺族によって改訂された原書を翻訳したものです。初版本には改訂版にはない興味深いエピソードが満載されています。

カーネギーには『人を動かす』と『道は開ける』という二冊の世界的ベストセラーがあり、前者は良好な人間関係を築く方法について、後者は人生全般に関する悩みを解決する方法について書かれています。『道は開ける』は自己啓発の源流といえる本で、具体例を紹介しながら、古今東西の偉人や一般人が悩みにどう向き合ってきたかが紹介されています。

悩みに対してカーネギーが提唱している解決策を要約すると、おおむね次のようになります。

❶　たえず心配するのではなく、仕事や趣味や家事に没頭して忙しく過ごす
❷　人々に何かをしてもらうのではなく、人々のために尽くして喜びを得る
❸　暗いことを考えて悲観するのではなく、物事の明るい面を見て楽観的になる
❹　昨日や明日のことを思い煩うのではなく、今日を精一杯生きて充実感を得る
❺　境遇について不平を言うのではなく、恵まれている点に感謝する

前向きな姿勢で人生を切り開くうえで、本書のアドバイスが参考になることを願ってやみません。

最後に、本書の文庫化に際しましては、ディスカヴァー・トゥエンティワンの藤田浩芳さんと渡辺基志さんにお世話になりました。この場をお借りして厚く御礼申し上げます。

訳者しるす

超訳　カーネギー　道は開ける
エッセンシャル版

発行日　2021年8月20日　第1刷
　　　　2024年6月13日　第5刷

Author　デール・カーネギー

Translator　弓場隆

Illustrator　斉藤高志

Book Designer　加藤賢策　守谷めぐみ（LABORATORIES）

Publication　株式会社ディスカヴァー・トゥエンティワン
〒102-0093　東京都千代田区平河町2-16-1
平河町森タワー11F
TEL　03-3237-8321（代表）03-3237-8345（営業）
FAX　03-3237-8323
https://d21.co.jp/

Publisher　谷口奈緒美

Editor　藤田浩芳

Proofreader　文字工房燦光

DTP　株式会社RUHIA

Printing　日経印刷株式会社

ISBN978-4-7993-2778-4